Macmillan Modern Languages
Series Editor: Robert Clarke

Entrée 2

Joan Clarke

Language consultant: Josiane Gower

MACMILLAN

First published 1989

Published by
MACMILLAN EDUCATION LTD
Houndmills, Basingstoke, Hampshire RG21 2XS
and London
Companies and representatives
throughout the world

Designed by Raynor Design

Cover illustration by Susan Alcantarilla

Printed in Hong Kong

British Library Cataloguing in Publication Data
Clarke, Joan, 1937—
Entrée, Joan Clarke——(Macmillan modern languages). 2
1. Spoken French language. Comprehension — Questions
& answers — For schools
I. Title
448.3′421
ISBN 0—333—45768—4

Cassette ISBN 0—333—48245—X

Contents

Introduction

This book, and the cassette which goes with it, will help you to continue to learn French: to speak it, to understand people who speak to you, to read it and to write it.

Types of work

Sometimes you will work with your teacher, sometimes by yourself and sometimes with a partner. You will always have a job to do — but make sure you know exactly what that job is before you start.

Things to learn

Each lesson begins with a list of the things you should be able to do in French once you've finished the lesson. You will also find at the beginning of each lesson a list of *Phrases clef*: the key phrases for the particular situations found in the lesson. You should try to learn this list, and the *Dictionnaire* at the end of the lesson by heart.

Working together

A lot of the work in this book involves swapping information in pairs (*Travail à deux*): you look at one page and your partner looks at a different page and you ask each other questions to get certain information. You will soon get used to this, and it is more fun than working with the teacher all the time.

Understanding and checking

When you listen to or read French, try to get the general idea first and don't give up if you meet a word you don't know. But if you are really stuck, the 'Words to Learn' at the end of the lesson or the complete 'Vocabulary List' at the end of the book should help. If you are writing French, the 'Grammar Reference' for each lesson (*Plus*) will be useful.

Bonne chance!

En famille

Phrases clef

Je vous présente ma mère. May I introduce my mother?

Voici mon père. This is my father.

Enchanté(e), monsieur/madame. Pleased to meet you.

Tu as fait un bon voyage? Did you have a good journey?

Tu es fatigué(e)? Are you tired?

Tu as bien dormi? Did you sleep well?

Tu veux prendre un bain? Would you like to have a bath?

Je peux prendre une douche? May I have a shower?

Tu as faim/soif? Are you hungry/thirsty?

Tu veux encore du potage? Would you like some more soup?

Oui, je veux bien. Yes, I would love some.

Non merci. J'ai assez mangé. No, thank you. I have eaten enough.

C'est délicieux, le poulet. The chicken is delicious.

Je comprends

You may one day have the chance to stay with a French family. Don't miss it. You will be surprised at how quickly you learn the language.

Read and listen to these dialogues which take place when an Australian boy, Harry, arrives at the home of his French penfriend, Benoît Jamet.

Dialogue 1   L'arrivée

Benoît:	Harry, je te présente ma mère et mon père.
Harry:	Enchanté, madame. Enchanté, monsieur.
Mme Jamet:	Je suis très heureuse de faire ta connaissance, Harry. Assieds-toi.
Benoît:	Et voici ma soeur, Sophie.
Harry:	Enchanté, Sophie
Sophie:	Enchantée, Harry.
M. Jamet:	Tu as fait un bon voyage?
Harry:	Oui, merci.
Benoît:	Mais tu es fatigué, je suis sûr.
Harry:	Oui, un peu.

Vous avez compris?

1 How can you tell that this is the first time Harry has met Benoît's family?
2 Which members of his family does Benoît introduce?
3 What does Madame Jamet invite Harry to do?
4 What question does Monsieur Jamet ask?
5 What does Benoît think?

Dialogue 2   Le petit déjeuner

Mme Jamet:	Bonjour Harry. Tu as bien dormi?
Harry:	Oui, très bien, merci.
Mme Jamet:	Alors, à table maintenant, pour le petit déjeuner.
Sophie:	Tu parles très bien le français, Harry.
Harry:	Ah non, je ne parle pas bien, mais je comprends tout, presque tout.
Mme Jamet:	Qu'est-ce que tu veux boire, du café ou du chocolat?
Harry:	Du chocolat, s'il vous plaît, madame.
Mme Jamet:	Et toi, Sophie? Du chocolat aussi?
Sophie:	Oui, maman. Merci. Voilà, Harry. Prends du pain et du beurre.
Harry:	Merci. C'est délicieux, le pain français.
Mme Jamet:	Tu veux aussi de la confiture?

Vous avez compris?

1 What does Madame Jamet ask Harry?
2 Which meal are they about to have?
3 What compliment does Sophie pay to Harry?
4 What does Harry reply?
5 What two drinks is Harry offered?
6 What does he choose? What does Sophie choose?
7 What is he offered to eat? (Three things.)
8 What does he say about French bread?

Dialogue 3   Le déjeuner

Mme Jamet:	À table tout le monde. Le déjeuner est prêt. Venez Harry, Benoît . . . mais où est Sophie?
Benoît:	Elle est dans sa chambre. Je vais l'appeler.
Mme Jamet:	Assieds-toi, Harry. Tu as faim?
Harry:	Oui, un peu.
Mme Jamet:	Eh bien, pour commencer, nous avons des oeufs durs avec de la mayonnaise. Et après, un poulet rôti. Tu aimes ça?
Harry:	Ah oui, j'aime bien les oeufs et le poulet.
	(un peu plus tard)
Mme Jamet:	Tu veux encore du poulet, Harry?
Harry:	Merci, non. J'ai assez mangé. Le poulet est délicieux.

Mme Jamet: Merci, Harry. Et toi, Benoît?
Encore un peu?
Benoît: Oui, maman, je veux bien.

Vous avez bien compris?

1 Who is missing when lunch is ready?
2 Where is she?
3 Is Harry hungry?
4 What is the first course?
5 What is the main course?
6 What does Harry say when he is offered more chicken?
7 What does Benoît say when he is offered more?

Dialogue 4   Le soir, après le dîner

Harry: Merci pour le dîner, Madame Jamet. C'était vraiment délicieux.
Mme Jamet: De rien, Harry.
Harry: Je peux vous aider dans la cuisine?
Mme Jamet: Non, Benoît et Sophie vont faire la vaisselle. Tu veux prendre un bain maintenant?
Harry: Je préfère les douches. Est-ce que je peux prendre une douche?
Mme Jamet: Certainement. Fais comme chez toi.

Vous avez compris?

1 What does Harry thank Madame Jamet for?
2 What did he think of it?
3 What does Harry offer to do?
4 What is Madame Jamet's reply?
5 What does she suggest to Harry?
6 What does he prefer?
7 What does Madame Jamet tell Harry to do at the end of the dialogue?

 ## J'écris

Oh no you can't!

Your task is to refuse all these requests.

Exemple: Je peux mettre la table?
Non, tu ne peux pas mettre la table.

1 Je peux prendre un verre de vin?
2 Je peux manger ce pain au chocolat?
3 Je peux jouer dans le parc?
4 Je peux aller au musée?
5 Je peux faire du ski?
6 Je peux écouter la radio?
7 Je peux emprunter ton stylo?
8 Je peux parler anglais dans la salle de classe?

Bonjour la France

You may have heard that the French have a reputation for appreciating and preparing good food. There is a lot of truth in it. It is one reason why mealtimes are such an important part of family life. If you go to stay with a French family, you will soon become aware of their importance.

Le petit déjeuner − breakfast
Don't expect a cooked meal or cereals, toast and marmalade. The typical breakfast consists of very fresh bread, butter and jam. You would have milky coffee or hot chocolate to drink. Sometimes the coffee or chocolate is served in bowls rather than cups, and it is quite normal to dip the bread into the drink. (Well, French bread has a very crispy crust!)

Le déjeuner − midday meal or lunch
Taken around midday, this can be a fairly substantial meal. Not everyone can get home to eat at lunchtime, but even in a school canteen, *le déjeuner* will be a three- or four-course meal.

Le goûter — tea
This is a light snack for children when they
arrive home from school. You would have a
glass of milk or fruit juice and a small cake
or bread roll. A great favourite is *le pain au
chocolat*, a bread roll with chocolate baked
inside.

Le dîner — evening meal or dinner
The evening meal is usually served about 8
o'clock. It may be the only meal at which
the whole family is present, so much
importance is attached to it. It is very
unusual for people, particularly young
people, to go out after *le dîner*

Facts:

1 Bread is a very important part of the
French diet. You would eat it at every
meal, with the first and second courses,
and, of course, with the cheese. It is not
placed on a side-plate, but straight on to
the table.

2 Cheese will nearly always be served after
the main course. The French are proud of
the fact that there are more than 300
different cheeses made in their country.

3 Wine is by far the most popular drink for
adults to take with their meals. There are
three main types of wine: red, white, and
rosé (pink). Wine is made from grapes and
these are grown in several areas of France.
For many people, French wine is the best
in the world.

Find out:

— how many different French cheeses are
sold in your local supermarket
— one or two famous wine-producing areas
of France
— where, in your area, you can buy French
bread or croissants

Collect labels and wrappers of any French
product consumed at your home.

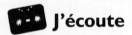 **J'écoute**

Bienvenu!

Listen to these conversations between a girl,
Cathy, and her French penfriend, Chantal,
whose family she is visiting. In each
conversation, one of the following questions
will be asked. Write down the number of the
conversation and the letter of the question.
a) Are you hungry?
b) Would you like to have a shower?
c) Did you have a good journey?
d) Would you like some more soup?
e) Are you tired?
f) Do you speak French well?
g) Did you sleep well?

Write down the names of any meals and any
rooms you hear mentioned.

 **Travail à deux**

Partner B: look at p. 121.

Partner A

You arrive at the home of your French
penfriend. You are introduced to some
members of the family. Respond politely.
Answer the questions you are asked.

 **Je lis**

Lettre de Sophie

A French girl, Sophie, writes to her
penfriend, Sarah.

Toulouse
le 17 octobre.

Chère Sarah,

Merci de ta lettre que j'ai reçue jeudi. Tu m'as demandé des détails sur nos repas.

Alors, pour le petit déjeuner, je prends du chocolat chaud. C'est vraiment délicieux. Je mange un peu de pain avec du beurre et de la confiture. Ma confiture préférée, c'est l'abricot. Tu aimes la confiture? Quelle confiture préfères-tu?

A midi, je prends le déjeuner au collège. Nous mangeons bien au collège. Et toi, tu prends le déjeuner au collège ou à la maison?

J'arrive chez moi, d'habitude, vers cinq heures et je prends le goûter, un pain au chocolat et un verre de lait.

Le dîner chez nous est normalement très bon. Nous dînons ensemble dans la salle à manger. Toute la famille est là. Nous parlons beaucoup et nous mangeons bien. Le dîner, c'est mon repas préféré. Et toi? Quel repas préfères-tu? Pourquoi?

Écris-moi vite,
Bons baisers,
Sophie

Vrai ou faux?

1 Sophie received Sarah's letter on Friday.
2 Sarah asked Sophie to tell her about meals in her family.
3 Sophie doesn't much like hot chocolate.
4 Her favourite jam is apricot.
5 Sophie thinks that school lunches are good.
6 She drinks hot chocolate at teatime.
7 The last meal Sophie writes about is breakfast.
8 Sophie's family have their dinner in the kitchen.

Could you reply to Sophie's letter?
You would have to answer her questions.

Quelle confiture préfères-tu?

Je préfère la confiture {
  d'abricots
  de fraises
  de framboises
  d'oranges
  de cerises
  de prunes
}

Tu prends le déjeuner au collège ou à la maison?
Je prends le déjeuner _____
Quel repas préfères-tu?
Je préfère _____
Pourquoi?

Parce que {
  toute la famille est là
  nous mangeons bien
  j'adore les corn flakes
  j'aime manger avec mes copains/copines
}

Work out your own answers, then put the questions to other members of the class and make a note of their answers.

Find out

– which is the most popular jam
– if more people go home for lunch than stay at school
– which is the most popular meal
– who gave the best reason

 **Je comprends**

Je peux vous aider?

Oui, tu peux mettre la table!

Savez-vous mettre la table?
Pour chaque personne, mettez:

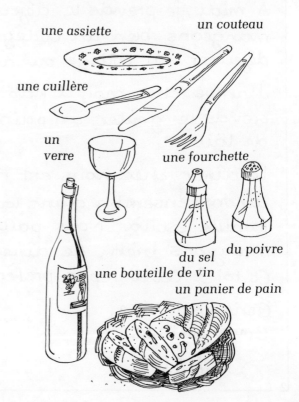

une assiette   un couteau
une cuillère
un verre   une fourchette
                      du sel   du poivre
une bouteille de vin
                   un panier de pain

Qu'est-ce que c'est?

Répondez aux questions.

Exemple:

C'est une fourchette?
Non, c'est une assiette.

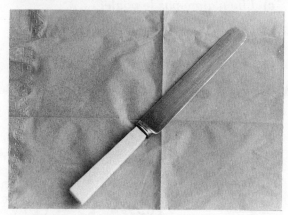

1 *C'est une fourchette?*

2 *C'est du poivre?*

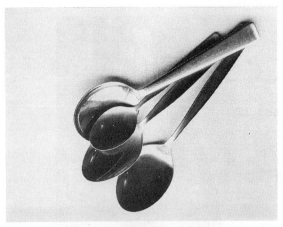

3 *Ce sont des couteaux?*

4 *C'est une bouteille de vin?*

5 *Ce sont des cuillères?*

6 C'est du pain?

Dessinez

Copy the drawing and label the items in French.

J'écoute

Qu'est-ce tu réponds?

Listen to these short dialogues. Each dialogue ends with a question. Choose the best answer to the final question from the alternatives given.

1 a) Oui, très bien, merci.
  b) Non, je ne suis pas fatigué.
  c) Oui, je veux bien.

2 a) Ah oui, j'ai faim.
  b) Je préfère prendre une douche.
  c) Oui, c'est délicieux.

3 a) Ou, j'ai bien dormi, merci.
  b) Oui, je suis fatigué.
  c) Non, merci. J'ai assez mangé

4 a) Il est devant la télé.
  b) Elle est dans la salle de bains.
  c) Elle n'aime pas le poulet.

5 a) Oui, je voudrais une limonade.
  b) Oui, je voudrais du pain.
  c) Oui, je voudrais prendre un bain.

Where is it?

Dans la salle à manger, il y a une grande table.
Sur la table, il y a un vase.
Dans le vase, il y a des fleurs.

1

Sous la table, il y a un chat.

2

Devant le vase, il y a une araignée.

3

Derrière le vase, il y a un escargot. C'est Oscar.

Mais ça change!
Complétez les phrases:

1

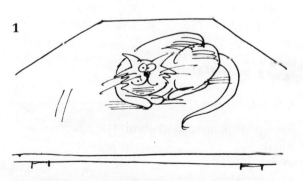

Maintenant, le chat est _____ la table

2

Les fleurs sont _____

3

L'araignée est _____

4

Le vase est _____

5

Oscar l'escargot est _____

Mais tout ça change encore!
C'est à vous de dessiner les différences!

Maintenant { *les fleurs sont sur la table.*
le chat est derrière les fleurs.
le vase est sous la table.
Oscar l'escargot est dans le vase.
l'araignée est devant le vase.

Write the correct caption under each of your drawings.

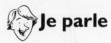 **Je parle**

Dans la salle de classe

Répondez:
Où est ton cahier?
Où est ton livre?
Où est ton stylo?
Où est le professeur?
Qui est devant toi? (Nobody = Personne)
Qui est derrière toi?

Que savez-vous?

Vrai ou faux?

1 Cooked breakfasts are common in France.
2 *Le petit déjeuner is the midday meal.*
3 Lunch in a French school canteen is a three-course meal.
4 In France, children eat bread and chocolate when they come home from school.
5 The evening meal is called *le dîner*.
6 *Quand on a soif, on mange.*
7 *On mange le poulet avec un couteau et une fourchette.*
8 *On peut jouer au football dans la salle à manger.*
9 *Après un long voyage on est souvent fatigué.*
10 *Oscar est une araignée.*

Complétez les dialogues

1 Madame Jamet: Tu veux prendre . . . . . . douche, Harry?
  Harry: Oui, madame. Je . . . . . . bien.

2 Harry: Je . . . . . vous aider, madame?
  Madame Jamet: Oui, merci, Harry. Tu . . . . . mettre la table

3 Madame Jamet: .Tu . . . . encore . . . . . . potage?

Harry: Non, ... J'ai . . . . mangé

4 Madame Jamet: Tu . . . . . . faim Harry?
  Harry: Non, je n'ai pas . . . . . , mais . . . . . soif.

5 Madame Jamet: Tu as . . . . . un . . . . . voyage?
  Harry: Oui, mais je . . . . . fatigué

Cherchez l'intrus

Trouvez dans chaque liste le mot qui ne va pas avec les autres et expliquez pourquoi.

Exemple: du poulet
           un sandwich
           du pain
           du gâteau
           une assiette
L'intrus, c'est 'une assiette'.
Pourquoi? On ne peut pas manger une assiette.
C'est facile n'est-ce pas?

(There are clues on p. 16 if you really need them.)

1 du vin   2 des timbres
   du lait   des cartes postales
   du saucisson   des cadeaux
   du jus de fruit   des soeurs
   du thé   des souvenirs

3 au commissariat   4 la radio
   au rugby   la silence
   au stade   la télévision
   au tennis   le professeur
   au jardin public   le disque

J'écoute

Les interviews

Five people are asked about their favourite meal.
Write down:
a) the name of the meal selected
b) any reason given for the selection

N'oubliez pas!

Can you still tell someone your name, your age, where you live, and your nationality? Try answering these questions:

Tu as des frères et des soeurs?
Tu as un animal à la maison?
Quelle est la date de ton anniversaire?
Qu'est-ce que tu aimes faire le weekend?

Vous n'avez pas oublié?

! Amusez-vous!

A Imaginez et dessinez

C'est un peu fantastique!

Une maison
Dans la maison, il y a une girafe.
Sur la maison, il y a un sandwich.
Derrière la maison, il y a un éléphant.
Devant la maison, il y a une bouteille de vin.
Sous la maison, il y a des serpents.

C'est bête, n'est-ce pas?
Pouvez-vous imaginer une image plus fantastique?
Mais oui!
Dessinez-le et décrivez-le en français.
Utilisez: dans, sur, sous, derrière et devant.

C'est peut-être
{
un château
ou un café
ou un sac
ou un professeur
ou... mais c'est à vous d'imaginer!
}

B Qu'est-ce qu'il y a sur la table?

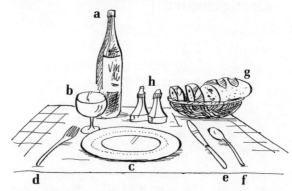

Complétez les mots pour identifier les objets sur la table. Écrivez le numéro et le chiffre.

1 —ou—ch—tte
2 —ss——tt—
3 c—u—ea—
4 —e—
5 —u——l——e
6 —e——e
7 —o—v—e
8 ——in

C Jeu de dix questions

C'est un objet?	Non.
C'est un animal?	Non.
C'est une personne?	Oui.
C'est un professeur?	Non.
C'est un élève?	Non.
C'est masculin?	Non.
C'est un membre de la famille?	Oui.
C'est une soeur?	Non.
C'est une mère?	Non.
C'est une fille?	Non.

Qui est-ce?

D Que dit Oscar?

Dictionnaire

le beurre	butter
la confiture	jam
les oeufs	eggs
le poulet	chicken
le petit déjeuner	breakfast
le déjeuner	midday meal, lunch
le goûter	tea
le dîner	evening meal
l'assiette	plate
le couteau	knife
la cuillère	spoon
la fourchette	fork
le poivre	pepper
le sel	salt
le verre	glass

Checkpoint

You should cope quite well now if you were to visit a French family. Check that you can do all these things:

I can:
- introduce people
- express pleasure at meeting someone
- ask if I may take a bath or a shower
- say that I am hungry or thirsty
- say that I would love some more (soup, etc.)
- say that I have had enough
- say that the food is delicious

I can understand and reply when I am asked:
- if I had a good journey
- if I am tired
- if I would like to take a bath or a shower
- if I am hungry or thirsty
- if I would like some more to eat or drink

Cherchez l'intrus

Clues: **1** *boire*
      2 *acheter*
      3 *jouer*
      4 *écouter*

Au camping

Phrases clef

Avez-vous de la place?   Have you any room?

Avez-vous réservé?   Have you booked?

Non, nous n'avons pas réservé.   No, we haven't booked.

Je regrette, c'est complet.   I'm sorry, the site is full.

J'ai réservé un emplacement.   I've booked a place.

C'est quel nom?   What name is it?

Vous êtes combien?   How many of you are there?

Nous sommes quatre, deux adultes et deux enfants.   There are four of us, two adults and two children.

C'est pour une tente ou une caravane?   Is it for a tent or a caravan?

C'est pour une tente et une voiture.   It's for a tent and a car.

C'est pour combien de nuits?   How many nights do you want to stay?

C'est pour deux ou trois nuits.   It's for two or three nights.

Il y a un emplacement là-bas, sous les arbres.   There's a place over there, under the trees.

Y a-t-il un magasin sur le camping?   Is there a shop on the site?

Où est le bloc sanitaire?   Where are the toilet facilities?

J'ai ma tente sur mon dos

 # Je comprends

1

Campeur:	Bonjour, monsieur. Avez-vous de la place?
Gardien:	Oui, monsieur. C'est pour une tente ou une caravane?
Campeur:	C'est pour une caravane et une voiture.
Gardien:	Et vous êtes combien?
Campeur:	Nous sommes quatre, deux adultes et deux enfants.
Gardien:	Très bien. C'est pour combien de nuits?
Campeur:	C'est pour trois ou quatre nuits.
Gardien:	Eh bien, il y a un emplacement là-bas sous les arbres, et il y en a un autre près du bloc sanitaire.
Campeur:	Nous prenons l'emplacement sous les arbres. Est-ce qu'il y a un magasin sur le camping?
Gardien:	Oui, il y a un magasin et un café. On peut acheter des provisions et tout le matériel de camping.

Vous avez compris?

1 What is the French for 'warden'?
2 What is the warden's first question?
3 What vehicles have the campers got?
4 What is the warden's second question?
5 How many campers are there?
6 How long do they plan to stay?
7 The camper is offered a choice of two sites. Where are they?
8 What question does the camper ask?

2

Campeur:	Bonjour, monsieur. Vous avez de la place pour ce soir? C'est pour une tente.
Gardien:	Vous n'avez pas réservé?
Campeur:	Non, monsieur, nous n'avons pas reservé.
Gardien:	Je regrette, monsieur, le camping est complet pour ce soir.
Campeur:	Mince alors! Est-ce qu'il y a un autre camping?
Gardien:	Il y en a un à vingt-cinq kilomètres d'ici.

Vous avez compris?

1 Why is this camper disappointed?
2 How might he have avoided the disappointment?
3 What did he ask the warden after his disappointment?
4 What was the warden's answer?

3

Campeur:	Bonsoir monsieur. J'ai réservé un emplacement sur le camping.
Gardien:	Oui, monsieur. C'est quel nom?
Campeur:	Anderson.
Gardien:	Très bien, monsieur. Voilà. C'est pour huit jours, n'est-ce pas? Vous avez un emplacement au centre du camping, devant les arbres.
Campeur:	Excellent. Où est le bloc sanitaire?
Gardien:	C'est près du parc d'enfants, là-bas à droite.
Campeur:	Merci, monsieur. C'est parfait.
Gardien:	De rien, monsieur. Bon séjour!

Vous avez compris?

Complétez:
1 *Le campeur a r _ _ _ _ _ _ un emplacement.*
2 *Le campeur s'appelle _ _ _ _ _ _ _ _*
3 *Il va rester h _ _ _ _ _ _ _ _*

4 Son emplacement se trouve
au _ _ _ _ _ _ du camping, _ _ _ _ _ _ les
arbres.

5 Le _ _ _ _ _ _ _ _ _ _ _ _ se trouve
près du parc d'enfants.

Qui est Oscar? Oscar est un petit escargot.

Mon anniversaire, c'est le neuf septembre.

J'ai trois ans.

J'habite dans ma maison sous un arbre dans le jardin.

 **J'écoute**

Que dit le gardien?

Listen to these conversations between the
warden of a campsite and some campers.
After each conversation, write down what
you think the warden said. Choose from the
alternatives given.

1 a) Sorry, there is no room.
 b) Is it for children or adults?
 c) Is it for a tent or a caravan?

2 a) Have you booked a place?
 b) Have you got a car?
 c) How long do you want to stay?

3 a) How many are in your party?
 b) How are you travelling?
 c) How many nights do you want to stay?

4 a) Have you had a good trip?
 b) Where have you come from?
 c) What name is it?

5 a) The shop is next to the office.
 b) The shop is behind the office.
 c) There is no shop on the site.

 **Je lis et je parle**

Au camping, il y a des questions importantes. ˆ

Read this publicity for Le Camping du Lac
and answer the questions. Begin your
answers: 'Oui, il y a...
  or 'Non, il n'y a pas de...

– situé près du grand lac
– deux kilomètres du centre ville
– magasins – tout le matériel de
  camping et les provisions
– parc d'enfants
– salle de jeux

Est-ce qu'il y a un magasin sur le terrain?
*Est-ce qu'il y a une piscine dans le
camping?*
Est-ce qu'il y a une salle de jeux?
Est-ce qu'il y a une salle de télévision?
Est-ce qu'il y a un parc d'enfants?
Est ce qu'il y a un bar?
Est-ce qu'il y a un restaurant?
Est-ce qu'il y a des douches chaudes?

Look at the signpost on a campsite and answer these queries.

Exemple:

Où est le bloc sanitaire, s'il vous plaît?
C'est à gauche, près des bacs à vaisselle.

Où est le magasin, s'il vous plaît?
Où est la salle de jeux, s'il vous plaît?
Où est le parc d'enfants, s'il vous plaît?
Où est le restaurant, s'il vous plaît?
Où est le bar, s'il vous plaît?
Où sont les poubelles, s'il vous plaît?
Où sont les bacs à vaisselle, s'il vous plaît?

Bonjour la France!

Camping is a very popular and cheap holiday. It is also a good way to meet French people in a friendly and informal setting. You would have no difficulty in finding a campsite in France. There is at least one in, or near, every major town. Of course, in the main holiday areas there are many more. The sites vary considerably and are graded from 1 star to 4 stars, according to the degree of comfort and the standard of facilities they offer. Most campsites are equipped with hot and cold water, showers and washing facilities. Many have electricity points, shops and games areas. The better (and more expensive) sites may have a restaurant, a place where you can buy take-away meals, an indoor and outdoor games area, and a playground reserved for young children. Some sites even offer a TV lounge

**Travail à deux**

Partner B: look at p. 121.

Partner A

1 You arrive at a campsite. Your partner is the warden. From this information, work out what you would say to the warden. Begin by asking if there is any room.

2 Now you are the warden and your partner is a camper. Answer his or her queries and find out what you need to know.

There is room on the site.
You need to know:
 – if it's for a tent or a caravan
 – how many people there are
 – how long they want to stay

There is no shop on the site, but there is a café. The litter bins are near the washing facilities.

and a heated swimming pool.

It is a good idea to become a member of an international camping club before you go camping in France. This can be arranged through one of the motoring or camping organisations. You will receive an International Camping Carnet. Some French sites insist on this membership, whilst others may charge extra for non-members.

It is also a good idea to book in advance, particularly in popular areas. Some sites are open all the year round, but most are closed during the winter months. You can get a guide listing all the campsites, their facilities and their prices when you join an international camping club. The guide will also tell you when they are open.

Je lis

Choisissez un camping

You get a list of campsites from the *syndicat d'initiative*. Some of the attractions are also listed.

Explain to a friend what each one has to offer and decide which one you would choose.

Remember, the more stars a campsite has, the higher will be its prices!

Camping Municipal ★ Eau chaude, magasin.
Camping Bellevue ★★ Mini-golf, parc
                    d'enfants.
Camping Saint Martin ★★ Rivière, pêche,
                    terrain de sports.
Camping à la ferme ★ Lait, oeufs, beurre.
Camping Mossuet ★★★ Salle de jeux, piscine,
                    salle de TV

What does this notice tell you about the campsite?

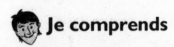

CAMPING LA CELESTINE
★ ★

OUVERT DU 1 AVRIL AU 30 SEPTEMBRE

TERRAIN DE CAMPING COMPLET

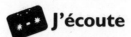 **J'écoute**

Les campeurs arrivent

Listen to the dialogues and answer the questions.

Dialogue 1
1 What does the man ask?
2 How far away is the campsite?
3 How does he get there?

Dialogue 2
1 What does the lady want to know?
2 How many children and adults are there?
3 How long do they wish to stay?

Dialogue 3
1 What is the girl looking for?
2 Where will she find them?

Dialogue 4
1 What does the man require?
2 What does the warden ask?
3 Is he in luck?

Dialogue 5
1 What does the warden ask the girl?
2 What does she reply?
3 What facilities are mentioned?

Je comprends

Les deux campeurs

Marc et Paul, deux jeunes campeurs, se réveillent.
C'est le premier jour de leur séjour au camping.

Marc: Bonjour Paul. Tu as bien dormi?
Paul: Oui, merci. Et toi?

Marc: *Ah oui. C'est très confortable ici.*
Quelle heure est-il?

Paul: *Il est sept heures cinq.*

Marc: *Qu'est-ce qu'on va faire*
aujourd'hui?

Paul: *Je ne sais pas. Qu'est-ce que tu veux*
faire?

Marc: *Ça dépend. Quel temps fait-il?*

Paul: *Attends un moment, je vais voir. Oh*
il fait beau. Il y a déjà du soleil.

Marc: *Bien. Moi je voudrais faire un tour*
de la région à bicyclette. Tu es
d'accord?

Paul: *Chouette! Maintenant lève-toi. Il*
faut préparer le petit déjeuner.

Find the French for:

Did you sleep well?
What about you?
What time is it?
It's five past seven.
What do you want to do?
I don't know.
That depends.
What's the weather like?
Wait a minute.
I'll go and see.
It's sunny already.
Do you agree?
Great!
Now get up.
We have to get breakfast.

Getting breakfast is not so easy for Paul and
Marc. They have been a little careless with
their packing.

Zut! J'ai oublié le gaz.

Mince alors! J'ai oublié les allumettes.

Those are not the only things missing. What
does Paul say when he discovers that he has
forgotten these items?

Zut!..........les tasses.

Mince alors!..........

....

....

Qu'est-ce qu'il a oublié?

Et vous, qu'est-ce que vous avez oublié?

Make four sentences from this table:

Zut! Mince Alors!	J'ai oublié	mon	stylo. crayon.
		ma	gomme. règle.

Think of at least three other things that you
sometimes forget. Tell your partner you
have forgotten them.

 **J'écoute**

Qu'est-ce qu'il a oublié?

Listen to these five short dialogues. For each one, say what has been forgotten.

Vous n'avez pas oublié?

After their bike ride, Marc and Paul go to the café. They want an orange juice and a coke; they want to know what sandwiches are available; they order a ham sandwich and a croque-monsieur; they ask for the bill.

Write the dialogue that could take place between them and the waiter.

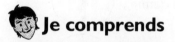 **Je comprends**

Monsieur Maladroit

1 À midi, il arrive au camping.

2 À une heure, il dresse la tente.

3 À trois heures, il dresse toujours la tente.

4 À quatre heures, il dresse toujours la tente.

5 À cinq heures, il allume le camping gaz.

6 À sept heures, il allume toujours le camping gaz.

7 À huit heures, il mange un sandwich.

8 À onze heures, il dresse toujours la tente.

9 À minuit, il dort enfin.

Pauvre Monsieur Maladroit!

1 À quelle heure arrive-t-il au camping?
2 Il commence à dresser la tente à quelle heure?
3 Qu'est-ce qu'il fait à trois heures?
4 À quelle heure est-ce qu'il commence à allumer le camping gaz?
5 À quelle heure est-ce qu'il mange?
6 Qu'est-ce qu'il mange?
7 Qu'est-ce qu'il fait à onze heures?
8 À quelle heure est-ce qu'il dort enfin?

Qu'est-ce que tu fais à quelle heure?

Choose the most appropriate reply to each question.

1 Qu'est-ce que tu fais à huit heures du matin?
   a) Je prends le petit déjeuner.
   b) Je prends le goûter.
   c) Je prends le dîner.

2 Qu'est-ce que tu fais à neuf heures du matin?
   a) Je vais à la maison.
   b) Je vais en classe.
   c) Je vais au lit.

1 Qu'est-ce que tu fais à midi?
   a) Je regarde la télévision.
   b) Je prends le déjeuner.
   c) Je danse.

4 Qu'est-ce que tu fais à quatre heures de l'après-midi?
   a) Je vais au collège.
   b) Je mange un biftek.
   c) Je rentre à la maison.

5 Qu'est-ce que tu fais à dix heures du soir?
   a) Je me réveille.
   b) Je me lève.
   c) Je me couche.

Les minutes

It is very easy to tell the time in French. You know now how to deal with the hours. The minutes are simple too.

Rule 1. Minutes past:

Il est une heure cinq

Il est deux heures dix

Il est dix heures vingt

Il est midi vingt-cinq

(or . . .?

C'est facile n'est-ce pas?

Exceptions:

. . . et demie

. . . et quart

Il est cinq heures et demie

Il est sept heures et quart

Say or write what time these clocks are showing:

Rule 2. Minutes to:

One extra word is needed here. *Moins* means minus or less. See how logically it is used.

Il est une heure moins cinq.

Il est trois heures moins dix.

Il est cinq heures moins vingt.

Il est minuit moins vingt-cinq.

(or . . . ?)

Exception:

. . . moins le quart

Il est midi moins le quart.

Now say or write what times these clocks are showing:

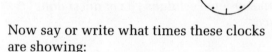

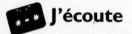 **J'écoute**

Radio Oscar

Here are some extracts from a little-known radio station. In each extract, the time is announced along with other information.

Match the clocks to the times you hear, by writing down the numbers 1 to 6, then adding the letter of the correct clock.

a   b   c

d   e   f

Que savez-vous?

Vrai ou faux?

1 There are very few campsites in France.
2 Some campsites have heated swimming pools.
3 All campsites are open all the year round.
4 You should join an international camping club before you go camping in France.
5 There are two words in French for 12 o'clock.
6 *On peut acheter du gaz dans la salle de jeux.*
7 *J'ai oublié mon livre.*
8 *L'anniversaire d'Oscar est le 9 septembre.*

Faisons des dialogues

Using one line of dialogue from each section, work out three separate dialogues which make sense.

Section 1
Bonjour, monsieur. Avez-vous de la place?
Bonjour, monsieur. Vous avez de la place pour une tente?
Bonjour, monsieur. Nous avons réservé un emplacement.

Section 2
Oui, c'est pour combien de nuits?
C'est pour une tente ou une caravane?
Oui, monsieur. C'est quel nom?

Section 3

Je m'appelle Cross.
Une caravane.
C'est pour trois nuits.

Section 4

Vous êtes combien?
Ah oui, le voilà. C'est pour huit jours n'est-ce pas?
C'est pour combien de nuits?

Section 5

Nous sommes deux.
Deux ou trois. Je ne sais pas exactement.
Oui, c'est ça. Où se trouve notre emplacement?

Une journée typique

Rewrite this description of a typical day, writing the times in words.

Je me réveille à  et je me lève à

Je prends mon petit déjeuner dans la cuisine

à .À je vais au collège.

Les cours commencent à  Je vais à

la cantine à pour prendre le

déjeuner et à je rentre à la

maison. D'habitude, je mange du pain et du chocolat. Le dîner chez nous est

à 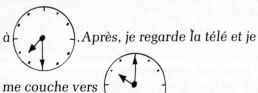.Après, je regarde la télé et je

me couche vers

Amusez-vous!

Devinette

Mon premier est dans chambre et aussi dans cuisine.
Mon deuxième est dans garage at aussi dans maison.
Mon troisième est dans mai at aussi dans septembre.
Mon quatrième est dans pêche et aussi dans pomme.
Mon cinquième est dans cahier et aussi dans livre.
Mon sixième est dans neige et aussi dans vent.
Mon septième est dans gaz et aussi dans glace.

Que dit Oscar?
À huit heures et demie, je regarde la télé dans mon salon.

Les mots coupés

Match up the beginnings and endings of these words to find ten items to do with a camping holiday.

poub ettes
cara sin
ten bo
allum au
maga elles
dou te
lava eau
e vane
cout ches

Dictionnaire

des allumettes	matches
un arbre	tree
le bac à vaiselle	washing-up sink
le bloc sanitaire	toilet facilities
le bureau	office
une caravane	caravan
l'eau	water
l'eau potable	drinking water
le lavabo	washbasin
la machine à laver	washing machine
le parc d'enfants	children's playground
les plats cuisinés	cooked meals to take away
les poubelles	litter bins
une tente	tent
la voiture	car
Je me réveille	I wake up
Je me lève	I get up
Je me couche	I go to bed

Checkpoint

Could you manage to go camping in France?

I can:
- ask if there is any room
- say it's for a tent or a caravan
- say how many people it is for
- say how long I want to stay
- say I have or have not reserved
- say how many children and adults there are in the group
- ask the cost per person and per night
- ask if there is a shop and other facilities on the site
- ask where facilities are
- buy food and camping gas
- say what time it is
- say I have forgotten something

I can:
- understand the questions the warden might ask
- understand the information I am given

I can:
- read and understand the various signs and notices on a campsite

En ville

► Aims ◄

1 Finding more places in a town
2 Understanding more complicated directions
3 Saying where things and places are
4 Saying what you must do
5 Understanding a simple weather forecast

Phrases clef

Excusez-moi, madame/monsieur/ mademoiselle.   Excuse me.

Pouvez-vous m'aider?   Can you help me?

Y a-t-il une banque près d'ici, s'il vous plaît?   Is there a bank near here, please?

Où se trouve le commissariat, s'il vous plaît?   Where is the police station, please?

Où est la pharmacie la plus proche, s'il vous plaît?   Where is the nearest chemist, please?

Montez la rue...   Go up the street...

Descendez la rue...   Go down the street...

Traversez le pont/la rue...   Cross the bridge/the street...

Allez jusqu'au feu rouge.   Go as far as the traffic lights.

C'est au bout de la rue.   It's at the end of the street.

C'est au coin de la rue.   It's at the corner of the street.

C'est à côté du cinéma.   It's next to the cinema.

C'est en face de l'église.   It's opposite the church.

C'est entre la boulangerie et l'épicerie.   It's between the baker's and the grocer's.

Il faut traverser le pont.   You must cross the bridge.

Je comprends

Pouvez-vous m'aider?

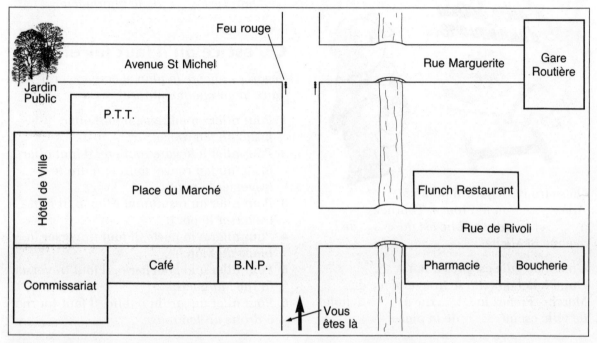

Tim needs to find a lot of places in an unfamiliar French town. He asks a lady to help.

Tim: *Excusez-moi, madame. Pouvez-vous m'aider?*

Dame: *Certainement. Qu'est-ce que vous cherchez?*

Tim: *Y a-t-il une banque près d'ici?*

Dame: *Oui, il y a la Banque Nationale de Paris, là-bas, au coin de la rue.*

Tim: *Oh oui, merci. Et où se trouve le commissariat?*

Dame: *Le commissariat se trouve place du Marché. Descendez cette rue et tournez à gauche. Le commissariat se trouve en face de la poste.*

Tim: *Merci. Et où est la pharmacie la plus proche?*

Dame: *La plus proche? Oui, c'est rue de Rivoli. Tournez à droite et traversez le pont. Il y a une pharmacie sur votre droite. Elle est à côté de la boucherie.*

Tim: *Merci. Et enfin, où est la gare routière?*

Dame: *Descendez la rue; allez jusqu'au feu rouge; tournez à droite; montez la rue Marguerite; traversez le pont; la gare routière est au bout de la rue.*

Tim: *Merci, madame, vous êtes très aimable.*

Use the plan to complete these instructions:

Y a-t-il un café près d'ici?
Oui, il y un café, place du Marché.
Descendez la rue. Tournez . . . . . . Le café est sur votre gauche, entre le . . . . . . et la . . . . . .

Où est le restaurant le plus proche?
Vous avez le restaurant Flunch, rue de Rivoli.
Descendez la rue, ... à droite, traversez le . . . . . . Le restaurant est en . . . . . . de la pharmacie.

Où se trouve le jardin public?
Allez . . . . . . 'au feu rouge. Tournez
à . . . . . . Le jardin public est au . . . . . . de l'
avenue St Michel.

L'hôtel de ville est près d'ici?
Oui, l'hôtel de ville se trouve place du
Marché. Prenez la . . . . . . rue à . . . . . . L'hôtel
de ville est au . . . . . . de la place.

Y a-t-il une boucherie près d'ici?
Oui, vous avez une boucherie, rue de Rivoli.
Prenez la . . . . . . droite . . . . . . le pont. La
boucherie est . . . . . . de la pharmacie.

Qu'est-ce qu'il faut faire?

Regardez encore le plan et écrivez 'vrai' ou
'faux' pour chaque phrase.

1 Pour aller au marché, il faut aller
   jusqu'au feu rouge.
2 Pour aller à la gare routière, il faut aller
   jusqu'au feu rouge, tourner à droite et
   traverser le pont.
3 Pour aller au restaurant Flunch, il faut
   traverser le pont.
4 Pour aller à la poste, il faut traverser la
   place du Marché.
5 Pour aller à la boucherie, il faut traverser
   la rue Marguerite.
6 Pour aller au jardin public, il faut tourner
   à droite au feu rouge.

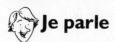 **Je parle**

Faites des dialogues

Using the two tables, work with your
partner to ask and answer the questions.

Questions

Où se trouve	la	piscine? poste?		
	le	commissariat? syndicat d'initiative?		
Où est	la	boulangerie banque	la	plus proche?
	le	supermarché café	le	
Y a-t-il	une	pharmacie pâtisserie	près d'ici?	
	un	restaurant tabac		

Réponses

La	piscine poste		se trouve	
Le	commissariat syndicat d'initiative			au bout de la rue. au coin de la rue. à côté du parc. en face de la gare. entre l'église et le cinéma.
La	boulangerie banque	la	plus proche est	
Le	supermarché café	le		
Il y a	une	pharmacie patisserie		
	un	restaurant tabac		

 J'écoute

Dialogues dans la rue

1 Listen to these five people asking for directions.
2 Look at the photos and write down the place sought and the name of the street where it can be found.
3 Write down the directions that must be taken.
4 Write down exactly where in the street the building is.

Travail à deux

Partner B: look at p. 121.

Partner A

1 You need some information from your partner.
  Ask your partner:
  a) if there is a bread shop nearby.
  b) where the nearest bank is.
  c) where the post office is.
  Make a note of the information you get.

2 Your partner will now ask you for information. Answer your partner's questions, using the information indicated here.

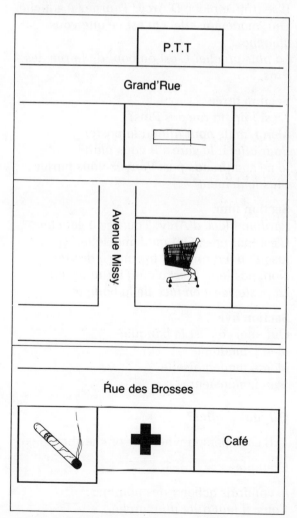

J'écris

Faisons des dialogues

Choose one sentence from each section to write four dialogues which make sense.

Section one

Pardon, monsieur, pouvez-vous m'aider?
Y a-t-il une banque près d'ici, s'il vous plaît?
Excusez-moi, madame, où est la pharmacie la plus proche?
Pardon, mademoiselle, où se trouve le syndicat d'initiative, s'il vous plaît?

Section two

Oui, vous avez la BNP, en face de la poste.
Il se trouve place D'Arcy. Tournez à gauche.
Oui, mademoiselle. Qu'est-ce que vous cherchez?
La plus proche? C'est au bout de la rue des Pins.

Section three

C'est loin, la rue des Pins?
Merci, mais pour aller à la poste?
Pour aller à la gare s'il vous plaît?
Je ne comprends pas. Pouvez-vous parler plus lentement?

Section four

Pardon. Place d'Arcy. Tournez à gauche.
C'est tout près. Oui mademoiselle. Allez jusqu'au feu rouge et tournez à droite.
Non, pas loin. C'est à cinq minutes d'ici.
La poste, c'est en face de la banque.

Section five

Oui, mais où est la banque?
Merci, madame.
Merci, mademoiselle.
Merci, monsieur.

Où faut-il aller?

Tell each person where he or she should go.

Exemple:

Je voudrais acheter des pommes.
Vous: Il faut aller au marché.

1 Je voudrais acheter de l'aspirine.
Vous: . . . .

2 Je voudrais acheter du pain.
Vous: . . . .

3 Je voudrais acheter du jambon.
Vous: . . . .

4 Je voudrais acheter de la viande.
Vous: . . . .

5 Je voudrais acheter des timbres.
Vous: . . . .

6 Je voudrais prendre une bière.
Vous: . . . .

7 Je voudrais prendre le train.
Vous: . . . .

8 Je voudrais prendre un bain.
Vous: . . . .

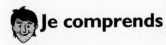 Je comprends

La météo

A weather forecast in a newspaper is usually accompanied by a map showing symbols like these:

Can you describe the weather shown by these symbols? One word for each will do.

You can already describe most types of weather. By learning just a few more words, you will be able to understand the weather forecast, either in a newspaper or on the radio.

The weather forecast —	La météo or Le temps prévu or Les prévisions
We forecast . . .	On prévoit . . .
rain	de la pluie
clouds	des nuages
tomorrow	demain

Work out what type of weather is forecast in these bulletins:

1 *Le matin, on prévoit du soleil.*
2 *Le temps prévu aujourd'hui: beau avec du soleil.*
3 *Les prévisions pour ce soir: froid, possibilité de brouillard.*
4 *On prévoit de la neige dans le nord et dans l'est.*
5 *Le temps prévu pour le sud: du vent, peut-être des vents forts.*
6 *Pour demain, on prévoit des nuages le matin et de la pluie l'après-midi.*

This map of France shows the weather forecast, but unfortunately the person who wrote the descriptions got the weather in the wrong places. Correct the mistakes.

Le temps prévu vendredi

Nord et nord-est: Beau temps, beaucoup de soleil. Très chaud.
Alpes: Pluie le matin. Possibilité de brouillard.
Centre: Pluie le matin. Vent pendant toute la journée.
Nord-ouest: Vents forts. Neige le soir.
Sud et sud-ouest: Nuages le matin. Soleil l'après-midi.

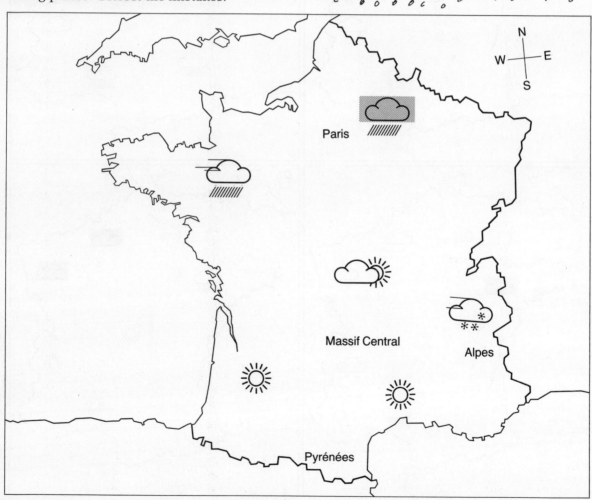

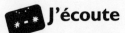 **J'écoute**

La météo à la radio

The dates have been left off these maps.
Listen to the bulletins on Radio Oscar and
supply the correct date for each map.

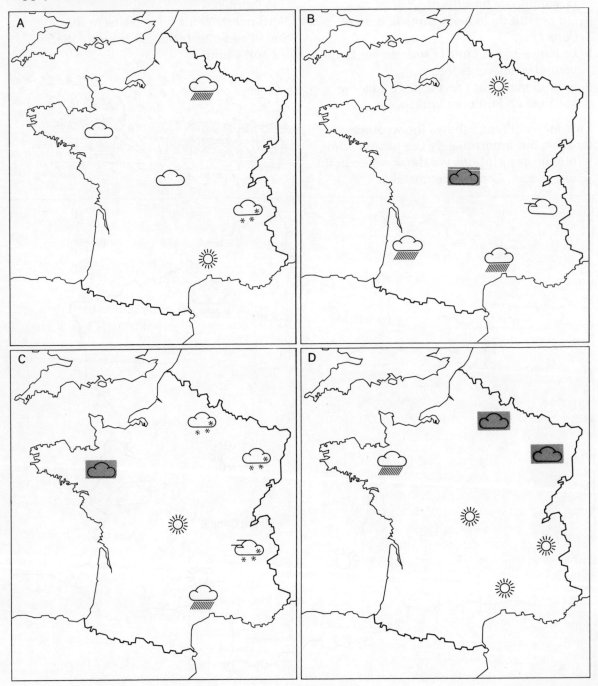

Vous n'avez pas oublié?

Répondez

Qu'est-ce que tu aimes faire le soir?
Qu'est-ce que tu fais le dimanche, quand il fait beau?
Qu'est-ce que tu fais le samedi, quand il fait mauvais?
Qu'est-ce que tu fais le weekend en été?
Quel sport préfères-tu?
Quelle sorte de musique aimes-tu?
Qu'est-ce que tu aimes manger?

Bonjour la France!

Un peu d'histoire

Napoléon Bonaparte is just about the best known character in French history. But do you know why he is so famous?

Napoléon was born, not in France, but on the small French island of Corsica in the Mediterranean. He was a very talented young soldier who rose quickly through the ranks to command the French army. In 1804, he became Emperor of France. Through brilliant military victories, he extended the French Empire throughout Europe. The *Grande Armée* was thought to be invincible and the Emperor Napoléon was the hero of the French nation. His return from battle was always greeted by great parades in honour of the man who had saved France and restored the glory of the people. The Emperor's talents were not confined to military matters. He took very seriously his position as head of state and proved himself to be a fine administrator. He organised central and local government; he established an efficient education system; he promoted people because of their merits rather than their social class. Many of the laws which Napoléon passed still have a great influence on French life today.

Eventually, Napoléon started to experience failure. He suffered a devastating military defeat in 1812, when his attempted invasion of Russia ended with a slow and painful retreat from Moscow.

Try to find out:

1 The name of Napoléon's wife.
2 The name of the admiral who commanded the British fleet in many naval battles against Napoléon's navy.
3 The name of the battle at which Napoléon was finally defeated in 1815.
4 The name of the English duke who commanded the army at this battle.
5 The names of the two islands to which Napoléon was exiled.
6 The place in Paris where Napoléon is buried.

Que savez-vous?

Vrai ou faux?

1 Napoléon Bonaparte was born in Paris.
2 He was a general in the army and an Emperor.
3 Napoleon extended the French Empire in Europe.
4 Napoleon was unpopular with the people of France.
5 He won a great victory against the Russians in 1812.
6 As Emperor, he passed many good laws.
7 Napoléon died in 1815.
8 Napoléon died on the island of Saint Helena.

Who asks what?

From the information given, write the name of each person and the question that he or she would ask.

Robert would like a drink
Mary wants a meal
Paul needs some aspirins
Ann wants to buy some stamps
Ken needs to change some travellers' cheques
Kate would like to buy some petrol

Y a-t-il un restaurant près d'ici?
Y a-t-il une pharmacie près d'ici?
Où est le café le plus proche, s'il vous plaît?
Où se trouve le bureau de poste s'il vous plaît?
Est-ce qu'il y a une banque près d'ici, s'il vous plaît?
Excusez-moi, monsieur, y a-t-il un garage près d'ici?

Où se trouve le café Oscar?

Choose the best caption for each picture. Write the letter of the picture then write out the sentence which best describes the picture:

A

B

C

D

E

Match de rugby; Stade Municipal: 2.30.
Film; Cinéma Gaumont: 9.00
Géographie; Salle 8: 10.05
Classe de guitare; chez M. Monet: 11.15
Concert; Salle des Fêtes: 8.30

1 À quelle heure faut-il arriver au stade?
2 À quelle heure faut-il arriver au cinéma?
3 À quelle heure faut-il arriver à la salle numéro 8?
4 À quelle heure faut-il arriver chez M. Monet?
5 À quelle heure faut-il arriver à la Salle des Fêtes?

Le café Oscar ...

est entre l'église et le jardin public.
est en face du jardin public.
se trouve au coin de la rue.
se trouve au bout de la rue.
se trouve à côté de la boucherie.
est entre le tabac et la charcuterie.
est situé à côté de l'église.
est situé en face de la charcuterie.

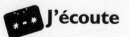

J'écoute

Où et à quelle heure?

These people are telephoning to make arrangements to meet. Listen to each conversation then write down:
a) the place
b) the time of the meeting

J'écris

Il faut arriver à quelle heure?

You have to arrive ten minutes before the start of each event. Write the answer to the questions.

 Amusez-vous!

Deux minutes, pas plus

In two minutes, see how many French words you can think of that begin with the letter 'p'. Write them down, but don't worry too much about the spelling. Speed is the important element of this game. Why not start with a few fruits?

Agents secrets

Two spies, Ivan and Olga, arrange to meet. Ivan leaves this message, in code of course.

1.21.   3.1.6.5.   3.5.14.20.18.1.12.   C.AE.

Break the code to discover where they will meet and at what time.

Mots brouillés

Sort out the jumbled letters to find these directions:

1 Allez jusqu'au EFU ORGUE.
2 Traversez le NOPT.
3 Montez la URE.
4 VARRETSEZ la place.
5 SEDDENCEZ la rue.
6 NOTRUEZ à gauche.

Regardez bien

Regardez le dessin pendant une minute.
Couvrez le dessin et complétez:

1 *La boucherie est:*
   a) *à côté du tabac.*
   b) *en face du tabac.*
   c) *entre le tabac et la boulangerie.*
2 *La banque est:*
   a) *à côté de la boucherie.*
   b) *à côté du café.*
   c) *à côté du tabac.*
3 *Le café est:*
   a) *entre le tabac et la banque.*
   b) *entre la boulangerie et la banque.*
   c) *entre la boucherie et la banque.*
4 *Le tabac est:*
   a) *au coin de la rue.*
   b) *au bout de la rue.*
   c) *à côté de la boulangerie.*

Que dit Oscar?

Y A-T-IL UN ARBRE PRÈS D'ICI?

Dictionnaire

traversez	cross
montez	go up
descendez	go down
le feu rouge	traffic lights
le pont	bridge
à côté de	next to
au bout de	at the end of
au coin de	at the corner of
près de	near
en face de	opposite
entre	between

Checkpoint

You need never be lost or unable to find a place you are looking for. You know how to ask for help.

I can:
- ask if there is a bank (etc.) nearby
- ask where a place is situated
- ask where the nearest chemist (etc.) is
- tell someone to go up or down a street
- tell someone to cross the street or the bridge
- tell someone to go as far as the traffic lights
- say that a place is at the corner or at the end of a street
- say that a place is opposite or next to another place
- say that a place is between two others

I can also:
- read and understand a simple weather forecast
- understand a simple spoken weather forecast

Me voici chez moi

▶ Aims ◀

1 Describing myself
2 Describing members of my family and other people
3 Describing my home

Phrases clef

J'ai les yeux verts/bleus/bruns/gris.   I've got green/blue/brown/grey eyes.

Il a les cheveux courts.   He has short hair.

J'ai les cheveux longs.   I've got long hair

J'ai les cheveux blonds/bruns/noirs/ roux/châtains.   I've got blond/brown/black/red/chestnut hair.

Je suis assez grand/grande.   I am quite tall.

Elle est très mince.   She is very slim.

Je porte des lunettes.   I wear glasses.

Mon frère est timide.   My brother is shy.

Ma mère est jolie/gentille/sympa.   My mother is pretty/kind/nice.

Tu habites une maison ou un appartement?   Do you live in a house or a flat?

Ma maison est petite et moderne.   My house is small and modern.

Dans ma chambre il y a un lit, une armoire et une lampe.   In my bedroom, there is a bed, a wardrobe and a lamp.

 ## Je comprends

Qui est Christophe?

Bonjour! Je m'appelle Christophe. J'habite dans une maison à Arras, une assez petite ville dans le nord de la France. J'ai seize ans. J'ai un frère, André, qui a treize ans, et une soeur, Sandrine, qui a onze ans. Mon anniversaire, c'est le 24 août. Nous avons un chat et un chien.

Build up a picture of Christophe:

He lives in a . . . . . in Arras in the . . . . of
France.
He is . . . . . . years old.
He has a . . . . called . . . . who
is . . . . years old, and a . . . .
called . . . . who is . . . . . years old.
His birthday is . . . .
They have a . . . . and a . . . .

Choose a friend whom you know well and
write, in French, similar details about him
or her.

Begin: *Il s'appelle* . . . . .
or *Elle s'appelle* . . . . .

Christophe continue:
*Je suis assez grand et un peu gros. J'ai les
yeux gris et les cheveux roux. Je suis sportif.
J'aime presque tous les sports, surtout le
rugby et le badminton. J'ai beaucoup de
copains et je ne suis pas du tout timide.
J'aime manger des fruits et des gâteaux. Je
n'aime pas tellement la viande.*

*Je ne suis pas du
tout sportif...*

Build up the picture of Christophe.
Give as many details as you can of his
appearance and his personality, his likes
and dislikes.

 ## Je parle

Décrivez-vous

You should find what you need to describe
yourself.

J'ai les yeux	bleus
	bruns
	verts
	gris

J'ai les cheveux	blonds
	bruns
	noirs
	roux
	châtains

Je suis (assez)	grand/grande
	petit/petite
	gros/grosse
	mince

Je suis (un peu)	sportif/sportive
	paresseux/paresseuse
	timide

Hair!

You can give more details about your hair
than just its colour. Here are some more
words to describe hair:
longs   courts   raides   bouclés   frisés

J'ai les cheveux courts et noirs.

J'ai les cheveux courts, raides et blonds.

J'ai les cheveux courts et frisés.

J'ai de longs cheveux bouclés.

Be careful if you have long hair. Look where you put '*longs*'.

Je parle

Imagine you are sending a description of yourself on a cassette to a French friend. Write the script and rehearse it.

Write about your friend in the same way:

Il est grand? Elle est grande?
De quelle couleur sont ses yeux et ses cheveux?
Il est sportif? Elle est sportive?
Est-ce qu'il ou elle porte des lunettes?
Il ou elle est timide?
Qu'est-ce qu'il ou elle aime manger?

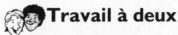 **Travail à deux**

Décrivez et dessinez

Partner B: look at p. 122.
Partner A

1 Describe this person giving as much detail as you can, so that your partner can either draw the person or write an accurate description. Begin with '*C'est un homme.*'

Yeux bleus

2 Listen to your partner's description and either draw the person described, or write the description in English.
3 Describe this person. Begin with '*C'est une femme.*'

yeux bruns

4 Draw or describe in English the second person your partner describes.
When you have finished, compare your drawings and descriptions with your partner's.

When describing other people, you can use words which you probably wouldn't use to describe yourself:

Il est	gentil beau laid sympa bête amusant agréable intelligent	Elle est	gentille jolie laide sympa bête amusante agréable intelligente

Find out what these mean and use as many as you can to describe your friend.

 ## Je comprends

Décrivez

Follow the lines to find the word which describes the person.

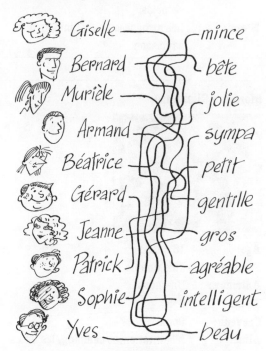

Write one sentence about each person.

Exemple: Gisèle est gentille.

 ## J'écoute

La famille de Christophe

Christophe describes his family. What do you find out about:
a) his mother
b) his father
a) his brother
d) his sister?

 ## Je comprends

La chambre de Christophe

Find out more about Christophe:

Ma chambre est petite. Les murs sont blancs et la moquette est rouge. Dans ma chambre, il y a un lit, une armoire, une petite table, une bibliothèque et une chaise. Il y a aussi mon magnétophone à cassette et mon baladeur, mais pas de télé. Je fais beaucoup de choses dans ma chambre. Bien sûr, je fais mes devoirs. J'écoute mes cassettes et je dessine. J'aime beaucoup dessiner.

Vous avez bien compris?

Vrai où faux?

1 Christophe's bedroom is small.
2 The walls are red.
3 The carpet is red.
4 Christophe has a bookcase and a chair in his bedroom.
5 He has a television set in his bedroom.
6 He does his homework in the sitting room.
7 He is not keen on drawing.

Choisissez un correspondant ou une correspondante

These four young French people would like an English-speaking penfriend. Which one would you choose to write to? Which one is most like you?

Anne-Marie Marsaud.

Âge:	14 ans.
Famille:	Deux frères.
Animaux:	Pas d'animaux.
Yeux:	Verts.
Cheveux:	Blonds.
Aime:	La danse moderne, la neige, le rouge.
N'aime pas:	Les mathématiques, les serpents, le thé.

Alain Ricard.

Âge:	15 ans.
Famille:	Une soeur, un frère.
Animaux:	Un chat.
Yeux:	Bleus.
Cheveux:	Noirs.
Aime:	Le cyclisme, le jazz, la cuisine chinoise.
N'aime pas:	Les araignées, les ordinateurs, le saucisson.

Thierry Tussaud.

Âge:	13 ans.
Famille:	Un frère.
Animaux:	Deux chats, six poissons rouges.
Yeux:	Bruns.
Cheveux:	Bruns.
Aime:	Le sport, les animaux, les films policiers.
N'aime pas:	Le chewing-gum, le rugby, le brouillard.

Monique Clémence.

Âge:	13 ans.
Famille:	Fille unique.
Animaux:	Un cheval.
Yeux:	Gris.
Cheveux:	Roux.
Aime:	L'équitation, le camping, les frites.
N'aime pas:	La pluie, le noir, le sport à la télé.

 **Je lis**

Lettre de Sophie

Toulouse
le 11 janvier

Chère Sarah

Merci encore de ta lettre. Tu m'as demandé comment est ma maison. Alors, nous habitons dans un assez grand appartement. Il y a sept pièces, un grand salon/salle à manger, une assez grande cuisine, trois chambres, une salle de bains (avec douche) juste en face de ma chambre, et aussi un petit 'bureau'. J'ai dessiné un plan. Tu vois qu'il y a aussi un petit vestibule. Nous n'avons pas de jardin, seulement des plantes sur le balcon

Ma chambre est assez petite. Les murs sont roses et la moquette est marron. Dans ma chambre il y a un lit, une armoire, une commode, une bibliothèque et ma chaîne stéréo. Il y a des posters sur les murs. Je fais beaucoup de choses dans ma chambre. Je fais mes devoirs, j'écoute de la musique, je lis, et quelquefois, j'invite des copines.

Et toi? Je sais que tu habites une maison, mais comment est-elle? Combien de pièces? Tu as un jardin, un garage? Et comment est ta chambre?

Écris-moi bientôt et décris ta maison et ta chambre.

Bons baisers,

Sophie

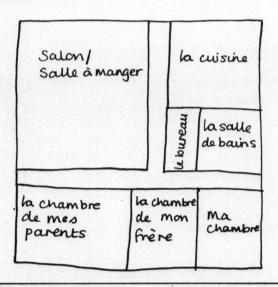

---

1 When did Sophie write this letter?
2 What does Sophie describe?
3 What does she enclose with the letter?
4 How many rooms are there in Sophie's flat?
5 What extra feature has the bathroom got?
6 Where is the bathroom situated?
7 What colour are the walls and the carpet in Sophie's bedroom?
8 Name four items in Sophie's bedroom.
9 Name three things that Sophie does in her bedroom.
10 What does Sophie ask Emma to do in her next letter?

🗣 Je parle

C'est comment, ta maison?

From this table, find the information you
need and practise describing your house.

J'habite	une maison. un appartement.			
Ma maison	est	assez très	petite. grande. moderne. vieille.	
Mon appartement	est	assez très	petit. grand. moderne. vieux.	
Dans	ma maison mon appartement	il y a	quatre cinq six sept huit neuf	pièces.
Nous avons un Nous n'avons pas de		jardin. garage.		

 **J'écoute**

Une maison ou un appartement?

Two people are asked about their homes. Listen to their replies and choose the correct statement.

Monsieur Thomas

1 He lives in a house/a flat/the country.
2 His home is large/old/modern.
3 He has two/three/four bedrooms.
4 He has/has not got a garden.
5 His garage is in the yard/basement.

Madame Sauvain

1 She lives in the town centre/the country/a flat.
2 Her home is large/small/modern.
3 She has eight/nine/ten rooms.
4 The garden is in front of/by the side of/behind the house.
5 She has no garage/one garage/two garages.

 **J'écris**

Faites des phrases

Using this table, write five sentences which make sense. Use each item once only.

Dans	le salon la chambre la cuisine la salle à manger la salle de bains	on	prépare le dîner. regarde la télé. prend un bain. écoute de la musique. prend le dîner.

Dans ma chambre

Choose the most suitable ending and write out the five sentences.

1 *Dans ma chambre, il y a:*
   a) un lit
   b) un phoque
   c) une caravane

2 *Dans ma chambre:*
   a) je nage
   b) je prends une douche
   c) J'écoute mon baladeur
3 *Dans ma chambre, il y a:*
   a) des lapins
   b) des poubelles
   c) des posters
4 *Dans ma chambre:*
   a) j'écoute le professeur
   b) je fais mes devoirs
   c) je joue au tennis
5 *Dans ma chambre, il y a aussi:*
   a) une armoire
   b) une charcuterie
   c) un feu rouge

 **Je lis**

Qu'est-ce qui se passe dans la cour?

Read these dialogues and for each one sort out:
a) what the problem is
b) what solution is found

1

1 (cont)

2

 ## J'écoute

Timide ou pas timide?

Ecoutez ces personnes qui parlent et décidez si il ou elle est timide ou pas timide. Explain why in English.

Je suis un peu timide.

 ## Je parle

Vous n'avez pas oublié?

Can you still buy fruit at a market?
Supply the missing French in this dialogue.

Vendeur: Bonjour, mademoiselle. Vous désirez?
Vous: (Ask for a kilo of apples.)
Vendeur: Voilà, mademoiselle. Et avec ça?
Vous: (Say you would also like a pound of grapes.)
Vendeur: Voilà. C'est tout?
Vous: (Say that is all and ask how much it comes to.)

Que savez-vous?

Que savez-vous de Christophe?

Vrai ou faux?

1 Christophe a les yeux bleus.
2 Il a les cheveux châtains.
3 Il est sportif.
4 Il a deux soeurs.
5 Il habite une maison.
6 Il a une télé dans sa chambre.
7 Il fait ses devoirs dans sa chambre.
8 Il est timide.
9 Il aime la viande.
10 Il aime beaucoup dessiner.

On a fait des erreurs

Correct the mistakes in this description to make it more normal.

Gaston a les yeux arbres et les cheveux intelligents. Il est très tente et assez soleil. Il aime jouer aux lapins et faire du commissariat. Il déteste la musique sortie. Dans sa chambre, il y a un grand magasin et un pont. D'habitude, il prend son petit déjeuner au coin de la rue.
When you have found and changed the incorrect words, try to use each one in a new sentence.

Exemple: *Il y a des arbres dans le jardin public.*

La réponse, c'est non

Armand has brown hair and green eyes; he is 13 years old; he is tall and not fat; he is not shy; he does not play pétanque; he does not like shopping.
How would Armand answer these questions?

Tu as les cheveux blonds?
Tu as les yeux bleus?
Tu as douze ans?
Tu es petit?
Tu es gros?
Tu es timide?
Tu joues à la pétanque?
Tu aimes faire du shopping?

Complétez

Choose from the list the best word to fill each gap.

J'...dans une maison. Dans ma maison il...a sept...Nous avons...salon, une cuisine,...salle à manger, une...de bains et...chambres....chambre est assez petite. Les...sont bleus et la moquette est...Dans ma...il y a un..., naturellement, une armoire, une..., une table et une chaise. Je...mes devoirs...ma chambre et j'...de la musique. Quelquefois, j'invite des...

pièces	fais	un	dans	trois
habite	salle	lit	y	bibliothèque
copains	chambre	rouge	une	
ma	écoute	murs		

Amusez-vous!

Cherchez l'intrus

In each list, find the word which is different from the others.

1	2
blonds	grande
châtains	petite
bleus	mince
roux	grosse
noirs	intelligente

3	4
agréable	maison
bête	salle à manger
sympa	vestibule
amusant	cuisine
gentil	chambre

Mots brouillés

Sort out the jumbled words in these descriptions.

1 Il a les yeux BURNS
2 Elle a les cheveux UXOR
3 Ses cheveux sont SURCOT et FÉSSIR
4 Elle est DANGER et NEMIC
5 Il est TEÊB
6 Elle est VERSITOP

Claire et Claude

Use the clues to complete the puzzle and find out what Claire and Claude are like.

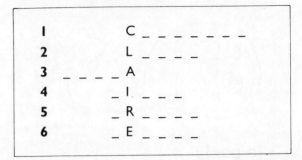

1 hair colour
2 hair
3 personality
4 figure
5 hair
6 size

1 hair
2 personality
3 personality
4 eyes
5 hair
6 he wears these

L'idéal

Les garçons: décrivez la fille que vous aimez. Commencez avec 'La fille que j'aime a les yeux...'
Les filles: décrivez le garçon que vous aimez. Commencez avec 'Le garçon que j'aime a les yeux...'

Dictionnnaire

les cheveux	hair
les yeux	eyes
blonds	blond
bouclés	curly
châtains	chestnut
courts	short
frisés	very curly
longs	long
raides	straight
roux	red
agréable	pleasant
amusant, amusante	amusing
beau	good looking
bête	stupid
gentil, gentille	kind
grand, grande	tall
gros, grosse	fat
joli, jolie	pretty
laid, laide	ugly
mince	slim
paresseux, paresseuse	lazy
petit, petite	short
sportif, sportive	sporty
sympa	nice
timide	shy
vieux, vieille	old
une armoire	wardrobe
une bibliothèque	bookcase, library
un lit	bed
une moquette	carpet
un mur	wall
une pièce	room

Checkpoint

You should be able to say a great deal about yourself, your friends and your home:

I can:
— say what colour my eyes are
— say what colour my hair is
— describe my figure
— say something about my personality
— say that I am not tall, lazy etc.
— describe the appearance of members of my family
— describe the personality of members of my family
— describe at least one of my friends in the same way
— say that I live in a house or a flat
— say how many rooms there are in my house or flat
— describe my bedroom
— say what is in my bedroom
— say what I do in my bedroom

Par le train

▶ Aims ◀

1 Buying train tickets
2 Getting information about trains
3 Understanding signs and notices in a station
5 Using the 24-hour clock
6 Finding out about French railways

Phrases clef

Où se trouve le bureau de renseignements, s'il vous plaît? Where is the information office, please?

Il y a un train pour Calais ce matin? Is there a train for Calais this morning?

À quelle heure part le train? At what time does the train leave?

Il arrive à Calais à quelle heure? At what time does it arrive at Calais?

De quel quai part le train? From which platform does the train leave?

Un aller simple pour Paris, s'il vous plaît. A single ticket to Paris please.

Un aller-retour pour Bordeaux, s'il vous plaît. A return ticket to Bordeaux, please.

Il faut changer? Do I have to change?

Oui, il faut changer à Orléans. Yes, you must change at Orléans.

Non, c'est direct. No, it's a through train.

Première ou deuxième classe? First or second class?

Un aller simple pour le jardin public...

J'écoute

Qu'est-ce que je dis?

Listen to the three alternatives and write down the letter (a, b or c) indicating the correct thing to say in each situation:

1 You want to catch a train.
2 You need to buy two return tickets.
3 You want to travel second class.
4 You need to know if there is a train for Lyon this morning.
5 You are not sure what time the train leaves.
6 You do not know which platform it leaves from.
7 You need to know what time the train arrives in Lyon.
8 You wonder if you have to change trains.

Je comprends

Au guichet

Three people buy train tickets.

1

Homme:	Un aller simple pour Avignon, deuxième classe, s'il vous plaît.
Employé:	Voilà, monsieur. Cent trois francs, s'il vous plaît.
Homme:	De quel quai part le train?
Employé:	Quai numéro deux, monsieur.
Homme:	Merci.

2

Dame:	Un aller-retour pour Narbonne, s'il vous plaît.
Employé:	Quelle classe, madame?
Dame:	Première classe, s'il vous plaît.
Employé:	Voilà, madame. Quatre-vingt-cinq francs.
Dame:	Le train arrive à Narbonne à quelle heure?
Employé:	À onze heures vingt, madame.

3

Jeune fille:	Je voudrais un aller simple pour Valence, s'il vous plaît
Employé:	Première ou deuxième classe, mademoiselle?
Jeune fille:	Deuxième Est-ce qu'il faut changer?
Employé:	Non, c'est direct, mademoiselle.

Vous avez compris? Complétez!

1

a) L'homme veut aller à . . . . .
b) Il achète un . . . . .
c) Son billet coûte . . . . .
d) Son train part du quai numéro . . . . .

2

a) La dame achète un . . . . . pour Narbonne.
b) Elle veut voyager en . . . . . classe.
c) Elle paye . . . . .
d) Son train arrive à Narbonne à . . . . .

3

a) La jeune fille va à . . . . .
b) Elle achète un . . . . .
c) Elle voyage en deuxième . . . . .
d) Il ne faut pas . . . . .

Je comprends les 24 heures

Écrivez les heures comme dans ces exemples:

8H: *Il est huit heures du matin.*
13H: *Il est une heure de l'après-midi.*
20H: *Il est huit heures du soir.*

   1 *3H*
   2 *15H*
   3 *10H*
   4 *22H*
   5 *5H*
   6 *17H*
   7 *6H*
   8 *14H*
   9 *12H*
  10 *24H*

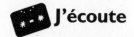 **J'écoute**

Les 24 heures

Five people ask the times of trains. Listen to their questions and the answers they receive, then complete these statements.

The train to Dieppe leaves at . . .
The train to Dijon leaves at . . .
The train to Strasbourg leaves at . . .
The train to La Rochelle leaves at . . .
It arrives at . . .
The train to Calais leaves at . . .
It arrives at . . .

 Je comprends

Dialogues au bureau de renseignements

Four people go to the information office to ask about trains.

1

Yves:	*Y a-t-il un train pour Calais ce matin, s'il vous plaît?*
Employé:	*Oui, il y a un train à dix heures dix et un autre à onze heures quarante monsieur.*
Yves:	*Bon. Merci, monsieur.*
Employé:	*De rien, monsieur.*

2

Monique:	*Est-ce qu'il y a un train pour Bordeaux cet après-midi, s'il vous plaît?*
Employé:	*Pour Bordeaux, mademoiselle? Oui, vous avez un train à quatorze heures quinze.*
Monique:	*Très bien. Il arrive à Bordeaux à quelle heure?*
Employé:	*À dix-sept heures cinq, mademoiselle.*
Monique:	*C'est parfait. Merci, monsieur.*
Employé:	*De rien, mademoiselle.*

3

Michel:	*Je voudrais aller à Marseille demain matin. À quelle heure part le premier train?*
Employé:	*Le premier train part à sept heures, monsieur, et le deuxième à neuf heures quarante-cinq.*
Michel:	*Est-ce qu'il faut changer?*
Employé:	*Non, monsieur. C'est direct.*
Michel:	*Et il part de quel quai, le train de sept heures?*
Employé:	*Attendez un moment, monsieur. Euh, du quai numéro quatre.*

4

Annie:	*Je voudrais aller à Rouen, s'il vous plaît.*
Employé:	*Oui, mademoiselle. Quand voulez-vous partir?*
Annie:	*Samedi matin.*

Employé:	*Samedi? Il y a un train à huit heures cinquante.*
Annie:	*Ça va. Je peux réserver une place?*
Employé:	*Certainement, mademoiselle. Première ou deuxième classe?*

Vous avez compris?

1 a) When does Yves want to go to Calais?

   b) Two trains are offered. At what times do they leave?

2 a) When does Monique want to travel to Bordeaux?

   b) What else does she ask about the train?

3 a) What time is the first train to Marseille?

   b) Will Michel have to change?

4 a) Annie wants to go to Rouen. When does she want to leave?

   b) She decides to reserve a seat. What does the ticket clerk ask her?

 **Je lis**

LA PREMIERE CLASSE A BON PRIX

C'est possible avec nos tarifs réduits

POUR LES COUPLES ET LES FAMILLES

Munissez-vous de la CARTE COUPLE/FAMILLE. Elle est gratuite, valable 5 ans et vous permet d'obtenir 50% de réduction dès la deuxième personne, en période bleue du calendrier voyageurs. Si vous êtes trois personnes ou plus, la réduction est également accordée en période blanche.

POUR LES JEUNES DE 12 A MOINS DE 26 ANS

Deux possibilités de prix réduits:
Si vous voyagez tout l'année, le CARRE JEUNE, c'est 50% de réduction en période bleue et 20% en période blanche pour 4 trajets. Valable 1 an, en vente dans les gares et les agences de voyages.

Si vous ne voyagez que l'été, la CARTE JEUNE, c'est 50% de réduction en période bleue. Valable du 1er juin au 30 septembre, en vente dans les gares et les agences de voyages. Nombre de voyages illimité. 1 couchette gratuite.

POUR LES MOINS JEUNES

La CARTE VERMEIL vous fait bénéficier de 50% de réduction en période bleue. Conditions : avoir 60 ans pour les femmes et 62 ans pour les hommes. Valable 1 an, en vente dans les gares et les agences de voyages.

POUR LA CLIENTELE AFFAIRES

C'est l'ABONNEMENT.
Pour les déplacements fréquents, optez soir pour la formule à libre circulation, soit pour la formule vous permettant de voyager avec des billets à 1/2 tarif.
Un dépliant << Abonnements >> est à votre disposition dans les gares.

French railways are trying to persuade people that it need not be too expensive to travel first class.

You don't need to understand every word to make some sense of this brochure.

Can you understand which groups of people are offered reduced rates (*tarifs réduits*)?

 **J'écoute**

Dialogues à la gare

Listen to the dialogues and answer the questions.

Dialogue 1
The woman wants to go to La Rochelle.
1 Can she get a train this morning?
2 At what time is the next train?
3 Is it a through train?

Dialogue 2
1 When does the woman want to travel to Paris?
2 At what time does the train leave?
3 Does she reserve a first- or a second-class seat?

Dialogue 3
1 What kind of ticket does the man buy?
2 How much does it cost?
3 What platform does the man think the train leaves from?
4 From what platform does the train actually leave?

Dialogue 4
1 What kind of ticket does the man buy?
2 What information does he ask for?
3 What answer is he given?

À quelle heure part le train?

DÉPART	DESTINATION	QUAI
10h 10	Valence Lyon	4
10h 15	Narbonne	2
11h 02	Arles Marseille	1
11h 52	Montpellier	2
12h 05	Dijon-Ville	4
12h 19	Béziers	5
13h 00	Carcassone	1
13h 40	Toulouse	3
14h 12	Lyon Paris	4
14h 30	Marseille	1

Quai 1 Nord à 50 mètres devant vous à droite

Choisissez la bonne réponse:

a) *Je veux aller à Montpellier.*
b) *Je veux aller à Dijon.*
c) *Je veux aller à Béziers.*
d) *Je veux aller à Paris.*
e) *Je veux aller à Carcassonne.*
f) *Je veux aller à Marseille.*
g) *Je veux aller à Narbonne.*
h) *Je veux aller à Arles.*
i) *Je veux aller à Toulouse.*
j) *Je veux aller à Lyon.*

Réponses

1 *Il y a un train à dix heures quinze, quai numéro deux.*
2 *Quatorze heures douze, quai numéro quatre.*
3 *Le train part à onze heures cinquante-deux.*
4 *Votre train part du quai numéro quatre à douze heures cinq.*
5 *Votre train part à treize heures quarante.*
6 *Il y a deux trains. Le premier part à dix heures dix et le deuxième à quatorze heures douze, quai numéro quatre.*
7 *Vous avez un train à onze heures deux et un autre à quatorze heures trente.*
8 *Vous avez un train à douze heures dix-neuf, quai numéro cinq.*
9 *Vous prenez le train de treize heures, quai numéro un.*
10 *Il y a un train à onze heures deux.*

Now use the information to help the people who ask these questions:

▦ J'écoute

Sometimes, announcements made at a station are not easy to understand. It's worth trying, though, as they give some important information.

The first three of these announcements tell you about trains that are leaving the station. They all include the destination of the train.

Listen and answer these questions about each announcement:

a) Where is the train going?
b) When does it leave?
c) What platform does it leave from?

(The three towns mentioned are: Calais, Paris and Toulouse.)

The next three announcements concern trains that are arriving at the station. They tell you where the train has come from: 'en provenance de Paris' = 'coming from Paris' Listen and answer these questions about each announcement:

a) Where has the train come from?
b) When will it arrive?
c) At which platform will it arrive?

(The three towns mentioned are: Lille, Dijon and Lyon.)

📖 Je lis

Qu'est-ce que ça veut dire?

1 BUFFET
2 TÉLÉPHONES
3 GUICHET
4 SORTIE
5 RENSEIGNEMENTS
6 CONSIGNE
7 ARRIVÉES
8 ACCÈS AUX QUAIS
9 SALLE D'ATTENTE
10 ENTRÉE INTERDITE
11 RÉSERVÉ
12 DÉPARTS

Que cherche Caroline?

Caroline est à la gare. Quels mots cherche-t-elle?

Elle veut téléphoner.
Elle veut acheter son billet.
Elle veut lire en attendant le train.
Elle veut prendre un café.
Elle veut sortir de la gare.
Elle veut laisser sa valise.
Elle veut demander des renseignements.
Elle veut monter dans le train.

This notice is seen as you get off a train.

VOUS N'AVEZ RIEN OUBLIÉ DANS LE TRAIN?

What do you think it is asking?

🧑 Je parle

Il faut changer

Tell each person where he or she has to change.

Exemple:

C'est direct?   **ORLÉANS**
Non, il faut changer à Orléans.

1 C'est direct?   **NANCY**

   Non, il _____

2 C'est direct?   **DIJON**

   Non, il _____

3 Est-ce qu'il faut changer?   **LYON**

   Oui, il _____

4 Est-ce qu'il faut changer?   **TOULOUSE**

   Oui, il _____

5 Est-ce qu'il faut changer?   **LILLE**

   Oui, il _____

Qu'est-ce qu'il faut trouver?

Tell each of these people which place they must find.

Exemple:

Il faut trouver la gare.

They must each find one of these places:

le buffet   le quai   la consigne
les téléphones   le guichet

Faites des dialogues

Use one sentence from each section to make four dialogues which make sense.

Section one

Il y a un train pour Dieppe ce matin, s'il vous plaît?
A quelle heure part le train pour Strasbourg?
Je voudrais réserver une place s'il vous plaît.
Je voudrais aller à Nantes.

Section two

Oui, mademoiselle. Vous voulez partir quand?
Non, monsieur, le prochain train part à 14H.
Pour Strasbourg, le prochain train part à 11H15.
Oui, madame, première ou deuxième classe?

Section three

Et à quelle heure arrive le train de 14H?
Première, dans un compartiment non-fumeurs, s'il vous plaît.
Très bien. Un aller simple, s'il vous plaît.
Cet après-midi, si c'est possible.

Section four

Voilà votre réservation, madame.
Voilà, monsieur. Un aller simple pour Dieppe.
Oui, vous avez un train à 15H10
Il arrive à 18H30

Bonjour la France

The *SNCF* (la Société Nationale des Chemins de fer Français) is the name by which the French railway system is commonly known. French railways have a high international reputation for speed, comfort and efficiency.

You can get to any part of Europe by train from Paris.

Those who can afford to pay a little extra would choose to travel on the luxurious TEE (Trans Europ Express).

For journeys within France, you have a choice of trains: *un rapide* is a very fast train which travels between cities making few stops; *un express*, as its name suggests, is also fast, but it stops at most stations; *un omnibus* is the railway's version of a bus, some of them even having two decks, and it makes only short journeys stopping at every local station.

The pride and joy of the SNCF is the TGV (Train à Grande Vitesse). This runs on a special track along many of the main lines. It is very comfortable and offers facilities for the handicapped. The TGV is capable of speeds of over 170 mph; it makes the five-hundred-mile journey from Paris to Marseille in 4 hours 40 minutes. You must make a reservation to travel on the TGV, but this can be done just before you leave, using the automatic computerised machines. It is best to book in advance though, in case all the seats are taken. Travelling by TGV costs a little more than the other trains, but a lot of people think that the extra speed and comfort are well worth it.

The SNCF is, of course, closely involved with the 'Eurotunnel' and will be running trains under the English Channel when the tunnel opens, providing a high speed and convenient link between Britain and the Continent.

There are reduced rail fares available for various groups of people, well publicised by the SNCF.

By applying for the appropriate '*carte*' the following savings can be made:

- married couples travelling together: one person travels at half price
- five or more people travelling together: 25% reduction
- long journeys: 25% reduction on a return journey of 1000 kilometres or more
- young people aged 12−26: 25% reduction, or 50% on some journeys
- elderly people: 50% reduction for men over 61 and women over 59.

Can you find out if there are any similar special reductions offered by British Rail?

Bon voyage!

This chapter is called 'Par le train' — by train. Of course, there are plenty of other ways to get around.

On peut voyager   en voiture

en bateau

en avion

en autobus

en car

ou peut-être   en taxi

en hélicoptère

à vélo

ou   à cheval

à motocyclette

à pied

par le train

Complétez: Je vais au collège...
           Je préfère voyager...
           Je déteste voyager...
Comment voyagent ces personnes?

Answer the questions using the picture clues.

Exemple:

Comment vas-tu à la gare?

Je vais à la gare en taxi.

1 Comment vas-tu à la piscine?

2 Comment vas-tu à Madrid?

3 Comment vas-tu à la campagne?

4 Comment vas-tu chez ton ami?

5 Comment vas-tu au centre ville?

6 Comment vas-tu à Londres?

7 Comment vas-tu à Cardiff?

8 Comment vas-tu au cinéma?

9 Comment vas-tu à Boulogne?

10 Comment vas-tu au collège?

Est-ce que tu voyages souvent en hélicoptère?

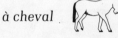

Que savez-vous?

Vrai ou faux?

1 The French railway system is called the SNCF.
2 It is not possible to travel by train to other European countries from Britain.
3 The TGV is a slow train which stops at every station.
4 You have to reserve a seat on the TGV.
5 A *rapide* is faster than an *express*.
6 Only young children get a reduction in fare on French railways.
7 If I need information at a station, I should look for the word 'renseignements'.
8 If I want to leave the station, I would look for the word '*guichet*'.
9 *Je vais au collège à pied.*
10 *J'aime bien voyager par le train.*

❗ Amusez-vous!

Puzzle

Use the clues to supply the missing letters:

```
1        G _ _ _ _ _ _
2      _ _ A _
3      _ _ R _ _
4    _ _ _ _ E _
5        S _ _ _ _ _
6    _ _ _ _ N _
7        C _ _ _ _ _ _ _
8    _ _ _ F _ _
```

1 *On achète un billet au* _____
2 *De quel* _____ *part le train, s'il vous plaît?*
3 *À quelle heure* _____ *le train, s'il vous plaît?*
4 *On achète un* _____ *au guichet*
5 *Un aller* _____ *s'il vous plaît.*

6 *De quel quai part le* _____, *s'il vous plaît?*
7 *Le buffet? Là-bas, à côté de la* _____
8 *La consigne? Là-bas, à côté du* _____

Agents secrets

You discover this note arranging meeting places at the station for Ivan and Olga. Could you place your own spies at the right place on the right day? Unfortunately, the places are in code and each code is different! *Dépêchez-vous et bonne chance!*

lu: *devant le hvjdifu*
me: *en face de la bnmrhfmd*
je: *à côté de la szlly d'zttynty*
sa: *dans le yfuuvg*
di: *entre 17.21.1.9.A et 17.21.1.9.B*

Deux minutes, pas plus

You have two minutes to write down as many French words as you can that begin with the letter 'c'. Try a couple of pets to start you off, then a couple of drinks.

Dictionnaire

un *aller simple*	single ticket
un *aller retour*	return ticket
un *billet*	ticket
le *buffet*	café
le *bureau de renseignements*	information office
un *compartiment*	compartment
la *consigne*	left luggage office
fumeurs	smoking allowed
non-fumeurs	non-smoking
le *guichet*	ticket office
interdit(e)	not allowed
une *place*	seat
le *quai*	platform
la *salle d'attente*	waiting room
à destination de	going to
en provenance de	arriving from

Checkpoint

You should now be able to accomplish all the following tasks. Check them off.

I can:
— ask if there is a train to my destination
— buy a single or a return ticket
— buy a first- or second-class ticket
— ask what time the train leaves
— ask which platform it leaves from
— ask what time the train arrives
— ask if I have to change trains

I can:
— understand the information I am given
— understand station announcements
— understand the 24-hour clock

I can:
— understand the signs and notices in a station
— understand a simple railway timetable

Au collège

▶ Aims ◀

1 Talking about school
2 Giving opinions of school subjects
3 Saying what you wear at school
4 Talking about clothes
5 Saying what you are going to do

Phrases clef

Au collège, j'aime la biologie At school, I like biology.

Ma matière préférée, c'est l'anglais My favourite subject is English

Pourquoi? Why?

C'est intéressant It is interesting

Je prends le déjeuner à la cantine. I have my lunch in the school dining-hall.

Je rentre chez moi pour le déjeuner. I go home for lunch.

J'arrive à l'école à neuf heures moins vingt. I arrive at school at 8.40.

Les cours commencent à neuf heures. Lessons start at 9.00.

Au collège, je porte un pullover bleu. I wear a blue jumper at school.

Le weekend, je porte un jean. I wear jeans at the weekend.

Je vais mettre mes gants. I'm going to put my gloves on.

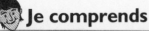 **Je comprends**

Christophe parle de son collège

*J'aime bien mon école. C'est le CES
Rousseau. C'est un grand collège mixte,
c'est à dire qu'il y a des garçons et des filles.
Les bâtiments sont modernes, et il y a un
grand terrain de sport.
Les profs sont assez sympa et les cours sont
généralement intéressants. Ma matière
préférée, c'est l'allemand et puis l'anglais
en second. J'adore aussi le sport. Nous
avons deux heures de sport par semaine.
Nous jouons au rugby, au basket et au
volley. Je n'aime pas tellement
l'informatique et je déteste les maths.*

Would you say that Christophe is generally
happy with his school?
How does he describe his school?
Does he prefer sciences, crafts or modern
languages?
What does he think of his teachers?
What does he think about maths?

Quelles matières aimez-vous?

*Classez les matières en quatre listes:
Ce que j'adore:
Ce que j'aime bien:
Ce que je n'aime pas:
Ce que je déteste:*

la biologie   *l'anglais*
la chimie   *le français*
la physique   *l'histoire*
les mathématiques   *la géographie*
l'informatique   *l'éducation
religieuse*

*l'éducation
physique*   *l'enseignement
ménager*
le travail manuel   *la cuisine*
le dessin   *la couture*
la musique

*Combien de matières avez vous dans
chaque liste?*

Mais pourquoi?

Christophe explique pourquoi.

*J'adore l'anglais. C'est intéressant.
J'aime bien l'histoire. C'est facile.
Je n'aime pas beaucoup la biologie. C'est
ennuyeux.
Je déteste les maths. C'est difficile.
J'adore l'éducation physique. C'est
formidable!
J'aime aussi le dessin. C'est agréable.
Je n'aime pas tellement le travail manuel.
C'est fatigant.
Je n'aime pas du tout l'informatique. Je suis
faible.
Je suis fort en langues vivantes. Ich kann
Deutsch sprechen. I speak English quite
good.
Je suis faible en maths et en informatique.*

Vous avez compris?

*Why does Christophe love English?
Why does he like history?
Why doesn't he like biology?
Why does he hate maths?
Why does he love PE?
Why does he like art?
Why is he not keen on craft?
Why doesn't he like information
technology?
What subjects is he good at?
What subjects is he weak in?*

Et vous?

Look at your four lists and try to give a
reason for placing the subjects where they
are.

Choose from:

C'est intéressant   C'est ennuyeux
C'est agréable   C'est fatigant
C'est facile   C'est difficile
C'est formidable

Complétez:
Je suis fort/forte en . . .
Je suis faible en . . .

J'écoute

Tu aimes le collège?

Listen to the dialogues. For each dialogue, answer the following questions.
a) What question is asked?
b) What answer is given?
c) What reason is given for the answer?

Travail à deux

Quelles matières aimes-tu?

Partner B: look at p. 122.

Partner A

Find out if your partner likes these subjects and the reason why or why not. Find out what your partner's favourite subject is, and which subjects he or she is good or poor at.

Copy the list; mark each subject with a tick or a cross, depending on the answer you get, and make a note in English of the reasons given.

Ask about these subjects:

l'anglais
les sciences
la musique
l'histoire
l'éducation physique
l'enseignement ménager
matière préférée:
Il est fort en . . .   ou
Elle est forte en . . .
Il/elle est faible en . . .

 **Je comprends**

Christophe continue

Les cours commencent à huit heures et finissent à cinq heures. Il n'y a pas de cours le mercredi après-midi, mais nous en avons deux heures le samedi matin.
Normalement, j'arrive au collège à huit heures moins le quart. Je viens en autobus parce que ma maison est à trois kilomètres du collège.

À midi, je prends le déjeuner à la cantine, C'est très bon. Au collège je porte un pantalon (je peux même porter un jean) avec une chemise et un pullover ou un sweat-shirt.

Vous avez compris?

1 Are Christophe's school hours longer than, shorter than, or the same as, yours?
2 What is special about Wednesdays?
3 What happens on Saturday mornings?
4 What time does he usually arrive at school?
5 How does he get there?
6 What does he think of school lunches?
7 What does he wear at school?

Et vous?

Complétez:

À mon collège,
les cours commencent à...

Les cours finissent à...

Normalement,
j'arrive au collège à...

Je viens au collège en autobus/à vélo/en
voiture/à pied/autre.
Je prends le déjeuner à la cantine/à la
maison/autre.

Trouvez la bonne réponse

Match each question with an answer which
makes sense.

Questions:
1 À quelle heure les cours commencent?
2 Les cours finissent à quelle heure?
3 À quelle heure est-ce que tu arrives à
   l'école?
4 Comment est-ce que tu viens à l'école?
5 Où est-ce que tu prends le déjeuner?
6 Quelle est ta matière préférée?
7 Pourquoi?
8 Quelle matière est-ce que tu n'aimes pas?
9 Pourquoi?

Réponses:
a) À la maison.
b) La géographie.
c) À quatre heures moins dix.
d) Je viens à vélo.
e) J'arrive à neuf heures moins vingt.
f) Je suis faible en géographie.
g) C'est facile.
h) À neuf heures.
i) Le dessin

L'uniforme scolaire

Que porte le garçon?

Est-ce qu'il porte un pantalon? Oui, il porte
un pantalon.
Est-ce qu'il porte un blazer?
Est-ce qu'il porte une cravate?
Est-ce qu'il porte une chemise?
Est-ce qu'il porte des chaussures?
Est-ce qu'il porte une jupe?

Que porte la fille?

Et vous?

Vous portez un uniforme scolaire?
De quelle couleur est l'uniforme pour les
garçons?
Le pantalon est gris/noir/bleu marine/autre.
La chemise est blanche/bleue/grise/autre.
Le pull est gris/bleu marine/bleu clair/autre.
La cravate est rouge/bleue/verte/autre
  – à rayures rouges et blanches
  – à rayures bleues et jaunes
Et pour les filles? Qu'est-ce qu'elles portent?
Qu'est-ce que vous portez aujourd'hui?
Choisissez un ami ou une amie et décrivez
ses vêtements.

Je lis

Lettre de Sophie

Sophie is coming to stay with Sarah. She
writes to make final arrangements.

Toulouse
le 27 mars

Chère Sarah,

Je serais très heureuse de passer une semaine chez toi et ta famille en avril. Tes parents sont très gentils de m'avoir invitée. Vous allez venir me chercher à Londres? Ça, c'est formidable!

Ce matin, mon père a acheté mon billet. Je vais voyager par le train et en bateau.

Le train de Douvres arrive à Londres à la gare de Victoria, à 21H30. Je porterai un pantalon rouge et un blouson bleu marine, et tu as ma photo n'est-ce pas?

Quel temps fait-il chez toi en avril? Est-ce qu'il faut apporter des vêtements chauds? Un imperméable? Des bottes? Et qu'est-ce qu'on va faire? Y a-t-il une piscine dans ta ville? On va nager peut-être? Je vais apporter mon maillot de bain?

À bientôt

Sophie

---

1 How long will Sophie spend with Sarah?
2 What did Sophie's father do that morning?
3 How will she travel?
4 How will Sarah and her parents recognise Sophie?
5 Why does Sophie ask about the weather?
6 What items of clothing does she mention?

Sophie asks what clothes she should bring and what they are going to do.

What would you suggest if your French penfriend were coming to stay with you, first in February and secondly in August?

Il faut apporter:

un blouson	*un sweat-shirt*
des gants	*une robe*
des T-shirts	*une jupe*
un pullover	*un pantalon*
un jean	*des chaussettes*
des sandales	*des chaussures*
des chemisiers	*une cravate*
des chemises	*un tricot*

Sophie also asks what they are going to do. Write at least five suggestions of things you might do.
Choose from this list or from what is available in your own town.

On va *Nous allons* *Si tu veux, on peut*	*faire de la bicyclette.* *visiter les musées.* *faire du shopping.* *jouer au badminton.* *faire de l'équitation.* *danser à la disco.* *faire de la natation.* *acheter des disques.*

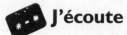 **J'écoute**

Interviews avec des gens célèbres

Copy this list and fill in the details when you hear the interviews. If you do not hear the necessary information, put a question mark.

Name: Jean-Pierre Simonot
Profession: Singer
Age:
Family:
Pets:
Physical description:
Favourite colour:
Likes:
Dislikes:
Favourite clothes:

Name: Annik Arnaud
Profession: Actress
Age:
Family:
Pets:
Physical description:
Favourite colour:
Likes:
Dislikes:
Favourite clothes:

une écharpe

un maillot de bain

des bottes

un manteau

un bonnet

un imperméable

un short

un blouson

des gants

Samaritaine

MODE FEMME

Vêtements de cuir : –18 % (Mag. 1/3ᵉ ét.)
Jupes : –15 % (Mag. 1/RdC).
Tailleurs : –15 % (Mag. 1/2ᵉ ét.)
Imperméables : –15 %* (Mag. 1/2ᵉ ét.)
Jeans : –25 %* (Mag. 1/RdC et 1ʳʳ ét.)
Pantalons : –25 %* (Mag. 1/RdC et 1ʳʳ ét.)
Robes : –23 %* (Mag. 1/3ᵉ ét.)
Pulls : –22 %* (Mag. 1/RdC)
Lingerie : –18 %* (Mag. 2/RdC)
Corseterie : –18 %* (Mag. 2/RdC)
Fourrures : –26 %* (Mag. 1/3ᵉ ét.)
Chapeaux : –15 %* (Mag. 2/RdC)
Foulards : –15 %* (Mag. 2/RdC)
Gants : –15 %* (Mag. 2/RdC)
Ceintures : –15 %* (Mag. 2/RdC)
Bas/collants : –15 %* (Mag. 2/RdC)
Chaussures : –18 %* (Mag. 2/1ʳʳ ét.)
Blouses : –15 %* (Mag. 1/2ᵉ ét.)
Vêtements féminins boutique "SAMARELLA" : –18 %* (Mag. 1/1ʳʳ ét.)
Mouchoirs : –18 % (Mag. 2/RdC)
Bijouterie fantaisie : –22 %* (Mag. 2/RdC)
Montres : –18 %* (Mag. 2/RdC).

—————
* Cette remise concerne une sélection d'articles.

MODE HOMME

Chemises : –24 % (Mag. 2/2ᵉ ét.)
Vêtements cuir : –20 % (Mag. 2/2ᵉ ét.)
Costumes : –20 % (Mag. 2/2ᵉ ét.)
Pulls : –20 % (Mag. 2/2ᵉ ét.)
Imperméables : –20 % (Mag. 2/2ᵉ ét.)
Pantalons : –31 %* (Mag. 2/2ᵉ ét.)
Cravates : –28 %* (Mag. 2/2ᵉ ét.)
Chaussures : –23 %* (Mag. 2/2ᵉ ét.)
Montres : –18 %* (Mag. 2/RdC)

MODE ENFANT

Pantalons, robes de 2 à 16 ans : –20 % (Mag. 4 1ʳʳ ét.)

—————
* Cette remise concerne une sélection d'articles.

Mode? Maison? Meubles? Décoration? Loisirs? Sport? Animaux? Choisissez parmi les 110 maxi réductions lesquelles vous intéressent !

'Samaritaine' is the name of a popular department store. This leaflet is advertising price reductions on clothes. See how much of it you can understand.

1 Are there reductions on women's clothes only?
2 In the women's section, the largest reduction (26%) is on furs. Which garments carry the second largest reduction?
3 By what percentage are shoes reduced?
4 Name three of the items which are reduced by 15%.
5 What reduction is there on men's shoes?
6 Which items carry the largest reduction in the men's section?
7 What can you buy at 28% reduction?
8 Name one item in the men's section which is reduced by 20%.

Je lis

Dans la salle de classe

Lisez les dialogues. Est-ce que vous comprenez?

1

Prof: *Bonjour la classe. Aujourd'hui, pour commencer, on va écouter la bande.*

Élève: *Monsieur, est-ce qu'on va aussi faire des jeux?*

Prof: *Oui, peut-être, plus tard. Maintenant, écoutez et répétez.*

2

Élève: *Mademoiselle, j'ai oublié mon livre. Je suis désolée.*

Prof: *Alors, prends ce livre Marianne et fais attention. La classe, trouvez la page quarante-trois. On va lire maintenant.*

Élève: *Ah non. Je déteste ça.*

Prof: : *Qu'est-ce que tu dis Marianne?*

Élève: *Rien, mademoiselle.*

Prof: : *Eh bien. Commence à lire Marianne.*

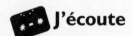 **J'écoute**

Qu'est-ce que tu porteras?

These four people are making last-minute arrangements before their visit to a French family. Each one telephones to arrange a meeting at the station.
Listen to the phone calls and complete these statements.

1
Emma is going to Toulouse.
She will arrive at the station at . . . . .
She will be wearing . . . . .

2
David is going to Lille.
His train arrives at . . . . .
He is going to wear . . . . .

3
Jill is going to Bordeaux.
She hopes to arrive at . . . . .
She intends to wear . . . . .

4
Richard is going to Strasbourg.
He should arrive at the station at . . . . .
He will be wearing . . . . .

 Je lis

On va regarder la télé ce matin?

On the opposite page you will see what is on TV in the morning and early afternoon. You can see the influence of American television!

You don't need to understand every word to get some idea about the programmes. Can you answer these questions?

1 What day are these programmes on?
2 What English name would you give the first programme?
3 Which programme do you think is about motor sport?
4 Which programme do you think is about football?
5 'Trente million d'amis' is a programme about animals. Can you find at least three words that indicate this?

Make your choice and complete this sentence:

Je vais regarder . . . . . à . . . . . heures . . . . .

Give one reason for your choice, in French.

 **J'écoute**

Dans la salle de classe

Écoutez ces professeurs et écrivez en anglais ce qu'on va faire.

8.00 BOUJOUR, LA FRANCE !

Présenté par Jean-Claude Bourret.

9.00 ZAPPE ! ZAPPEUR

De Christophe Izard. Avec les marionnettes d'Yves Brunier. **Zappeur ● Dites-moi docteur Eka ● Dodu Dodo ● Gags ● Dessins animés : La vache Noiraude ● Antivol ● Les Buzuck ● Satanas et Diabolo ● Caliméro.**

10.00 TARZAN

Série américaine. (Rediffusion). **Le prisonnier.** Réalisé par George Marschall. Avec **Ron Ely** : *Tarzan* ● **Manuel Padilla** : *Jai* ● **Robert J. Wilke** : *Spooner* ● **Charles Maxwell** : *Mac* ● **Ken Drake** : *Dude* ● **Hims Dillard** : *Nione* ● **Arthur Adams** : *Borvna* ● **Chuck Wood** : *Khobi*. Bien que blessé, Tarzan essaye de conduire le bandit Spooner hors de la jungle, afin de le présenter à la justice. Le bandit possède une fortuné en diamants, et dans la jungle, le reste de sa bande est aux aguets...

11.00 TRENTE MILLIONS D'AMIS

De Jean-Pierre Hutin. ● **Une école très à cheval :** fondé en 1947 par Mlle Thomas, le cours Thomas, prix de Strasbourg, propose aux enfants, à côté d'un enseignement des plus traditionnels, l'apprentissage quotidien du cheval. ● **Saint-Roch :** un refuge modèle : le « Paradis des animaux », situé près de Marseille, est un havre de paix pour nos compagnons à quatre pattes. Vaccinés, tatoués et soignés par trois vétérinaires, logés dans des niches surélevées pour éviter de se mouiller les pattes, les pensionnaires coulent des jours paisibles au refuge de Saint-Roch. Comment créer un chenil de ce type ? « Trente millions d'amis » ouvre un dossier.

11.30 AUTO-MOTO

De Jacques Bonnecarrère.

12.00 TÉLÉ-FOOT

Du service des sports. Présenté par Thierry Roland et Didier Roustan. *A l'heure où nous imprimions ce numéro de « Télé Star », TF1 n'était pas en mesure de nous communiquer les contenus de « Auto-moto » et de « Télé-foot ».*

13.00 JOURNAL

13.25 STARSKY ET HUTCH

Série américaine. (Rediffusion). **La petite fille perdue.** Réalisé par Earl Bellamy. Avec **David Soul** : *Hutch* ● **Paul Michael Glaser** : *David Starsky* ● **Antonio Fargas** : *Huggy* ● **Bernie Hamilton** : *le capitaine Dobey* ● **Richard Dimitri** : *Duran*. Une basketteuse de douze ans attire l'attention du milieu parce qu'elle sait où se trouvent des diamants volés d'une valeur de 100 000 dollars. Starsky et Hutch surprennent une petite fille en flagrant délit de vol à l'étalage. Pendant qu'ils l'interrogent, des gangsters abattent son père...

Bonjour la France!

School is compulsory for all French children between the ages of six and sixteen, although nursery school is available from the age of three.

From six to eleven, children attend the primary school, 'l'école primaire'. Most then transfer to the comprehensive school 'collège d'enseignement secondaire' referred to as the CES. Pupils who do not wish to leave school at sixteen can go to another school or college to study at a higher level, or to train in technical skills.

All school materials must be bought by parents. The schools do not provide anything, not even text books.

French pupils are not required to wear a school uniform. Most settle for practical and comfortable clothes.

The secondary school day begins at 8.00 and ends at 5.00. There are also lessons on Saturday morning from 8.00 until 12.00. Schools are closed on Wednesday afternoons. Lessons last 55 minutes with a five-minute break between lessons and a longer recreation time in the middle of the morning. Lunch time is 1½ hours, sometimes 2 hours. Secondary school pupils have free periods in their timetable, during which they may do homework or private study. If the first lesson of the day is free, a pupil may arrive at school at 9.00 instead of 8.00.

Choose two ways in which French schools differ from your school and say which you prefer, with reasons.

Que savez-vous?

La vie scolaire

Répondez à ces questions:

1 Comment s'appelle ton école?
2 C'est un collège mixte?
3 Il est moderne ou vieux, ton collège?
4 Les cours commencent à quelle heure?
5 À quelle heure est-ce qu'ils finissent?
6 Est-ce que tu prends le déjeuner à la cantine ou à la maison?
7 Comment est-ce que tu viens au collège?
8 Est-ce que tu portes un uniforme scolaire?
9 Qu'est-ce que tu aimes porter le weekend?

Vrai ou faux? Tout en français!

1 Les élèves français portent un uniforme scolaire.
2 En France, les cours commencent à huit heures.
3 On ne va pas à l'école le lundi matin.
4 On a cours le samedi, en France.
5 Christophe est fort en mathématiques.
6 Christophe est faible en anglais.
7 Le weekend je porte mon uniforme scolaire.
8 En hiver, je porte des vêtements chauds.

 ## Amusez-vous!

Qu'est-ce qui sort du chapeau?

How quickly can you name the items coming from from the hat?

You may consult this list, if absolutely necessary, but not all these things come out of the hat!

un couteau	une cravate
une fourchette	un oiseau
un chat	une cuillère
des carottes	un verre
des allumettes	un ballon
un disque	un lapin
un pullover	du fromage

Complete this puzzle. all the words are items of clothing.

Dessinez Fifi

Vous avez des feutres ou des crayons de couleur?
Fifi est une jeune fille.
Elle est petite et grosse.
Elle a des cheveux roses et verts.
Elle porte une jupe noire et . . . . .
C'est à vous d'imaginer!

Dictionnaire

les matières	school subjects
l'allemand	German
l'anglais	English
la biologie	biology
la chimie	chemistry
la cuisine	cookery
la couture	needlework
le dessin	art
l'éducation physique	PE
l'éducation religieuse	RE
l'enseignement ménager	home economics
le français	French
la géographie	geography
l'histoire	history
l'informatique	information technology
les langues vivantes	modern languages
les mathématiques	mathematics
la musique	music
la physique	physics
les sciences	science
le travail manuel	craft
agréable	pleasant
difficile	difficult
ennuyeux	boring
facile	easy
fatigant	tiring
formidable	great
intéressant	interesting
le cours	lesson
commencent	start
finissent	end

fort, forte	strong, good
faible	weak, poor
les vêtements	clothes
des bottes	boots
un blouson	jacket
un chapeau	hat
des chaussettes	socks
des chaussures	shoes
une chemise	shirt
un chemisier	blouse
un collant	tights
une cravate	tie
une écharpe	scarf
des gants	gloves
un jean	jeans
une jupe	skirt
un pantalon	trousers
un pullover	jumper
un tricot	jumper

Checkpoint

You can now talk to people about school and about clothes.

I can:
— say what I like at school
— say what my favourite subject is
— say what subject I hate
— ask others what their favourite subject is
— say why I like or do not like a subject
— ask others why they like or do not like a subject
— say what subjects I am good at
— say what subjects I am weak in
— say what time I arrive at school
— say what time lessons start and finish
— say whether I have lunch at school or at home
— say what I wear at school
— say what I like to wear at the weekend
— say what I am going to do

Au restaurant

▶ Aims ◀

1 Buying a meal in a restaurant
2 Learning more about French food
3 Saying what you like and do not like to eat
4 Asking what things are
5 Asking people if they can help you

Je vous invite à manger à mon restaurant...

Phrases clef

Une table pour deux, s'il vous plaît. A table for two please.

Voilà la carte. Here is the menu.

Vous avez choisi? Have you decided?

Qu'est-ce que vous prenez comme hors d'oeuvre? What will you have for the first course?

Pour commencer, je prends la salade de tomates. To start, I'll have the tomato salad.

Comme plat principal, je prends le poulet rôti. For the main course, I'll have the roast chicken.

Qu'est-ce que c'est exactement, le steak au poivre? What exactly is 'steak au poivre'?

Et comme boisson? What would you like to drink?

Vous voulez du fromage? Would you like some cheese?

Comme dessert, je prends une glace. For dessert, I'll have an ice-cream.

Moi, je prends le menu à soixante francs. I'll have the sixty franc menu

Bon appétit! Enjoy your meal!

STEACK HACHÉ 100gr GARNI 17F80
STEACK HACHÉ 150gr GARNI 22F80
ALOYAU GARNI 25F80
POULET ROTI GARNI 20F10

PLATS du Jour 18F.80
- Quiche Lorraine
- Lasagnes au gratin 28F.50
- Pavé de Rumsteack S.C.P.Vert 39F.50

PATES FRAICHES MAISON

P.E.S.CATORE. 24F.50

MENU ENFANT 11F00

Je comprends

Au restaurant

Serveuse: Bonsoir, mademoiselle, monsieur.

Homme: Bonsoir, madame. Avez-vous une table pour deux, près de la fenêtre si c'est possible?

Serveuse: Certainement. Venez par ici. Voilà. Et voilà la carte.

Serveuse: Alors, vous avez choisi, monsieur, mademoiselle?

Fille: Nous prenons le menu à soixante francs. Comme hors d'oeuvre, la salade de tomates et comme plat principal, le steak-frites.

Serveuse: Et pour vous, monsieur?

Homme: Le potage du jour?. Qu'est-ce que c'est exactement?

Serveuse: C'est une soupe à l'oignon, une spécialité de la maison.

Homme: Bon. Je prends le potage du jour et puis le poulet rôti.

Serveuse: Très bien, monsieur. Et comme boisson?

Homme: Une bouteille de vin rouge ordinaire, s'il vous plaît.

Serveuse: Voilà. Une salade de tomates et un potage. Bon appétit, monsieur, mademoiselle.

Serveuse: Vous prenez du fromage ou un dessert?

Homme: Moi, je voudrais du fromage, un peu de camembert, s'il vous plaît.

Fille: Comme dessert, je voudrais une glace à la fraise.

Serveuse: Très bien.

Homme: Madame! L'addition, s'il vous plaît.

Serveuse: Voilà l'addition, monsieur.

Homme: Le service est compris?

Serveuse: Oui, c'est tout compris. Merci monsieur.

Et vous? vous avez tout compris?

Complétez ces phrases:

1 The man asked for a table for . . . . . near the . . . . .
2 For the first course the girl ordered . . . . .
3 The potage du jour is . . . . .
4 The two main courses ordered were . . . . . and . . . . .
5 They had a bottle of . . . . . to drink
6 The . . . . . asked for cheese.
7 The dessert ordered was . . . . .
8 The last thing the waitress brought was the . . . . .

Je parle

Talking about food

Take turns with your partner to ask and answer these questions — truthfully, of course.

Use the items pictured. If you need other words, ask your teacher or use a dictionary.

Tu aimes la viande?
Quelle viande préfères-tu?

le porc

le biftek

le poulet

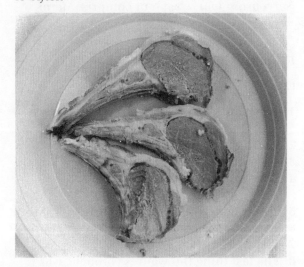

l'agneau

le boeuf haché

Tu aimes les légumes?
Quel est ton légume préféré?

les carottes

les frites

les petits pois

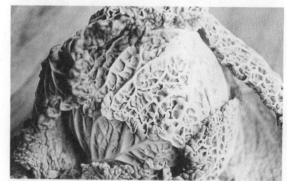

le chou

les haricots verts

le chou-fleur

les pommes de terre

les champignons

Et les fruits? Tu aimes les fruits?
Tu as un fruit préféré?

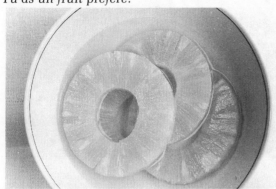

l'ananas

les bananes

les oranges

les pêches

le raisin

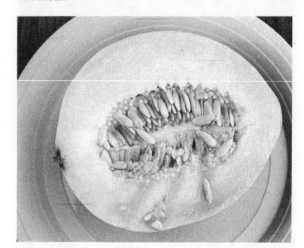

le melon

les poires

Tu manges souvent un dessert?
Quel est ton dessert préféré?

le yaourt

les glaces

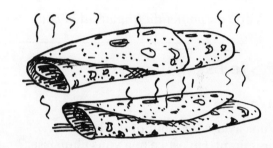

les crêpes

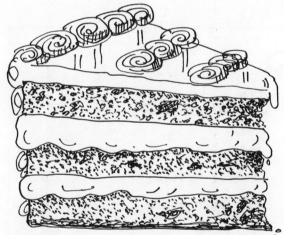

le gâteau

▣ J'écoute

Qu'est-ce que vous prenez?

Listen to these two conversations in a restaurant and list all the things that are ordered. Arrange them under these headings:

First course   Main course
Dessert   Drinks

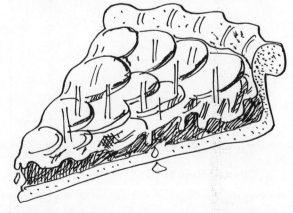

la tarte aux pommes

Je mange du pain, je bois de l'eau, ça me suffit.

 **J'écris**

Manger et boire

Complétez ces petits dialogues. Choisissez le bon mot.

1 Tu as faim?
   Oui, j'ai faim.

   Voilà un thé/un sandwich/une allumette.

2 Tu as faim?
   Non, je n'ai pas faim, mais j'ai soif.

   Voilà du poulet/du fromage/de l'eau.

3 Tu as soif?
   Oui, j'ai soif.

   Prends un verre de limonade/du boeuf/de l'agneau.

4 Tu as soif?
   Non, je n'ai pas soif, mais j'ai faim.

   Prends un verre de vin/un café/un croissant.

 Je lis

À la carte

Vous avez 150F pour dîner dans ce restaurant. Qu'est-ce que vous choisissez?

Les Trois Cloches

Pâté maison	25F	Pommes de terre vapeur	22F
Artichaut vinaigrette	20F	Pommes frites	20F
Potage du jour	18F	Haricots verts	22F
Crudités	15F	Épinards	22F
Hors d'oeuvre variés	32F		
Six escargots	36F		
		* * *	
* * *		Fromage au choix	34F
		* * *	
Boeuf bourguignon	56F	Glaces variées	10F
Steak châteaubriand	60F	Gâteau	28F
Gigot d'agneau	58F	Tarte aux fruits	24F
Escalope de veau	55F	Crème chantilly	12F
Côtes de porc	52F	Yaourt	11F

 **J'écris**

The day after your meal, you write down in your diary exactly what you ate. Complete these sentences:

Hier soir j'ai dîné au restaurant 'Les . . . . .'
Pour commencer, j'ai mangé . . . . .
Comme plat principal, j'ai commandé . . . . .
Comme légumes, j'ai mangé . . . . .
J'ai commandé du . . . . .
Je n'ai pas commandé de . . . . .
Comme dessert j'ai choisi . . . . :
En tout, j'ai payé . . . . .

Je parle

À la carte

Work with your partner, taking turns to be the customer and the waiter. Use the menu from *Les Trois Cloches* to order the items you have already chosen. The waiter should make suitable responses

Je lis

Mangez des

You will not understand all the words in these recipes, but do you understand enough to follow these simple recipes for cooking eggs? Some of the difficult words are given. You can guess many of the others. The pictures help.

1   Oeuf à la coque

Faites cuire à l'eau bouillante pendant 3 ou 4 minutes

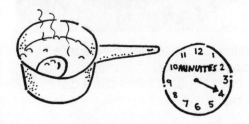

2   Oeuf dur à la mayonnaise

Faites cuire à l'eau bouillante pendant 10 minutes.

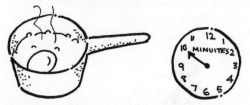

Enlevez la coquille. Coupez en deux.
Servez avec de la mayonnaise.

3   Oeuf sur le plat

Faites fondre un peu de beurre
dans une poêle.
Cassez l'oeuf et faites cuire dans
le beurre.

4   Oeufs brouillés

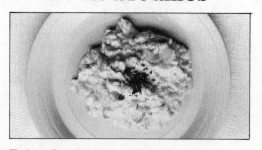

Faites fondre un peu de beurre
dans une casserole.
Mettez l'oeuf dans la casserole
et faites cuire pendant
2 minutes, en remuant tout le
temps.

5   Omelette

Battez deux oeufs dans un bol
avec du sel et du poivre et un
peu d'eau.
Faites fondre du beurre dans
une poêle.
Mettez les oeufs dans la poêle.
Faire cuire pendant 5 minutes.
Pliez l'omelette et servez-la.

Bon appétit!

Faites cuire = cook
Faites fondre = melt
une poêle = frying-pan
une casserole = saucepan
Pliez = fold

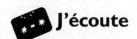 J'écoute

Interviews

Four people are asked what they like to eat
and drink. Listen to their answers and list
the things they like. Write down their names
before you start.

Monsieur Fournier:
Madame Fournier:
Monsieur Aubert:
Mademoiselle Aubert:

*Moi aussi, je suis végétarien.
Je ne mange pas de viande.
J'adore les choux.*

Que savez-vous?

If you had to prepare a meal for a vegetarian visitor, which of the following ingredients could you use?

agneau	poisson
beurre	poivre
céleri	pommes de terre
fromage	porc
haricots	poulet
huile d'olive	sel
jambon	tomates
oignons	yaourt
pain	

 **Je comprends**

Christophe parle

Je prends mon petit déjeuner à 7H parce qu'il faut prendre le bus à 7H20. Au petit déjeuner, je mange du pain, avec de la confiture, et je bois du chocolat chaud. Comme je l'ai déjà dit, je prends le déjeuner à la cantine. C'est très bon. Quand je rentre à la maison vers 5H30, je prends le goûter, un verre de lait et un pain au chocolat, et puis je fais mes devoirs. À 8H, nous prenons le dîner en famille. Normalement, je me couche vers 10H.

What else have you found out about Christophe?

1 Why does he have his breakfast at 7 o'clock?
2 What does he have for breakfast?
3 Where does he have his midday meal?
4 What does he think about it?
5 At what time does he get home from school?
6 What does he do between tea and the evening meal?
7 At what time does he usually go to bed?

Notice the use of 'vers' with time. It is less precise than 'à'.

Je prends le bus à 7H20. I catch the bus at 7.20.
Je me couche vers 10H. I go to bed around 10 o'clock.

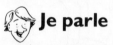 **Je parle**

Mes repas

Working with your partner, take turns to ask and answer these questions.

Tu préfères manger des légumes ou de la viande?
Quel est ton repas préféré?
À quelle heure est-ce que tu prends le petit déjeuner?
Qu'est-ce que tu manges au petit déjeuner?
Qu'est-ce que tu bois?
Où est-ce que tu prends le déjeuner, à la cantine ou à la maison?
Tu prends le déjeuner à quelle heure?
Qu'est-ce que tu aimes manger le soir?

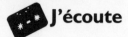 **J'écoute**

Il faut être poli

Waiters in restaurants are always polite to the customers . . . or are they?

Listen to these snatches of conversation in a restaurant and, after each one, say whether you think the waiter is polite or impolite. Try to give a reason.

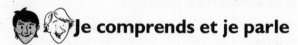

Il faut toujours être poli.

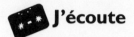 **Je comprends et je parle**

Pouvez-vous m'aider?

Work out the best responses to these requests, then practise the questions and answers with your partner.

Questions.
Je cherche une pharmacie. Pouvez-vous m'aider, s'il vous plaît?
Pouvez-vous m'aider? Je ne comprends pas les horaires.
Pouvez-vous m'aider? Je voudrais acheter des timbres.
Je veux prendre un autobus. Pouvez-vous m'aider?
Pouvez-vous me donner l'heure, s'il vous plaît?
Pouvez-vous me donner des renseignements sur la ville?

Réponses.
Il faut aller à la gare routière. Tournez à gauche.
Certainement. Il est dix heures et quart.
Il y a une pharmacie là-bas à côté de la boucherie.
Oui. Allez au café-tabac, là-bas.
Oui, monsieur. Prenez cette brochure.
Bien sûr. Quel train voulez-vous prendre?

J'écoute

Vous cherchez un restaurant?

Use the plan to identify the four restaurants mentioned.

Le Dagobert is restaurant —
Mélodine is restaurant —
L'Horizon is restaurant —
La Normandie is restaurant —

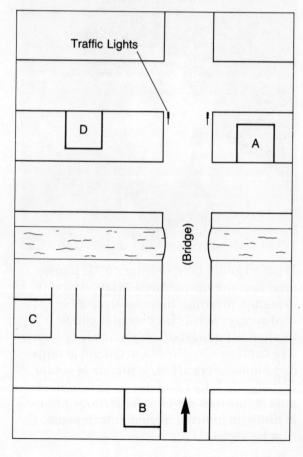

```
┌─────────────────────────────────────────┐
│        Melodine ℟                        │
│        LE RESTAURANT "BUFFET"            │
│                                          │
│       ┌─────────────────────┐            │
│       │ R E P A S   E N F A N T │        │
│       └─────────────────────┘            │
│                                          │
│  Votre N O M  SVP  Tom ___  Age de l'enfant 8 │
│                                          │
│  FAITES VOTRE CHOIX ET REMETTEZ CE BON A LA GRILLADE │
│                                          │
│                                          │
│     VIANDE                               │
│          ☑  Steak hâché 45 g             │
│          ☐  Tranche de Jambon            │
│                                          │
│     LÉGUMES                              │
│          ☑  Frites                       │
│          ☐  Pâtes fraîches maison        │
│          ☐  Légume du Jour               │
│                                          │
│     DESSERT                              │
│          ☐  Yaourt nature                │
│          ☑  Yaourt aux fruits            │
│                                          │
│     BOISSON                              │
│          ☐  Verre de Jus d'Orange        │
│          ☐  Verre de Coca-Cola           │
│          ☐  Verre de Fanta Citron        │
│          ☐  Verre de Fanta Orange        │
│          ☑  Pack Jus de Pomme 20 cl      │
│                                          │
└─────────────────────────────────────────┘
```

The 'Mélodine' restaurant offers a special meal for children, with a special order form. Look at Tom's form and see if you can work out:

a) what meat he ordered
b) what vegetables he ordered
c) what dessert he ordered
d) what drink he ordered

What other meat could he have had? What other drinks were available?

Que savez-vous?

Vrai ou faux?

1 En France on prend le déjeuner à midi.
2 En France on mange toujours dans un restaurant.
3 Il y a des restaurants self-service en France.
4 Le chou est un légume.
5 Le poulet rôti est un dessert.
6 Une salade de tomates est un hors d'oeuvre.
7 Le yaourt est un dessert.
8 Il est difficile de trouver un restaurant en France.

Qu'est-ce que c'est?

Match the answers to the questions. You may have to do some guessing!

Questions
1 Qu'est-ce que c'est exactement, le boeuf bourguignon?
2 Qu'est-ce que c'est exactement, le coq au vin?
3 Qu'est-ce que c'est exactement, les crudités?
4 Qu'est-ce que c'est exactement, le potage du jour?
5 Qu'est-ce que c'est exactement, la tarte aux fruits?
6 Qu'est-ce que c'est exactement, le steak au poivre?
7 Qu'est-ce que c'est exactement, le châteaubriand?
8 Qu'est-ce que c'est exactement, le plat du jour?

Réponses
a) Ce sont des légumes râpés crus.
b) C'est une soupe de poisson, une spécialité du chef.
c) C'est un très bon steak grillé, très épais.
d) Aujourd'hui c'est aux fraises.
e) C'est du boeuf avec des échalotes dans une sauce au vin rouge.
f) C'est du biftek, couvert de poivre noir et grillé.
g) Aujourd'hui, c'est une côtelette de porc à la moutarde.
h) C'est du poulet dans une sauce au vin rouge.

Faites des dialogues

Using one item from each section, write four dialogues which make sense.

Section one

Je voudrais une table pour trois personnes, s'il vous plaît

Vous avez choisi?

Comme hors d'oeuvre, je voudrais le pâté.

Qu'est-ce que c'est exactement, le coq au vin?

Section two

Oui, on prend le menu à 70 francs.

C'est du poulet et des légumes dans une sauce au vin rouge.

Venez par ici, monsieur.

Très bien. Et comme plat principal?

Section three

Très bien. Et pour commencer, les crudités ou la soupe?

Excellent! Alors, du coq au vin pour deux.

Le steak au poivre, s'il vous plaît.

Voilà la carte, monsieur, mesdames.

Section four

Les crudités, s'il vous plaît.

Vous avez choisi?

Bien. Et comme boisson?

Très bien. Deux coq au vin.

Vous n'avez pas oublié?

Conversation dans un café

Two English girls are on holiday in France. They meet some French boys in a café, and try to get to know them.

Jane: Hello. Do you speak English?

Olivier: *Je ne comprends pas. Je ne parle pas anglais.*

Jane: *Moi, je parle un peu le français. Je m'appelle Jane. Comment t'appelles-tu?*

Olivier: *Je m'appelle Olivier, et voici mon copain, Luc.*

Jane: *Enchantée, Olivier. Enchantée Luc. Voici ma copine, Carol.*

Olivier: *Quel âge avez-vous? Nous avons quatorze ans, tous les deux*

Jane: *Moi, j'ai quatorze ans, et Carol a treize ans.*

Luc: *Vous êtes anglaises?*

Carol: *Nous sommes Galloises. Nous habitons à Bangor au Pays de Galles.*

Luc: *Vous parlez très bien le français.*

Carol: *Merci. Tu n'aimes pas l'anglais au collège, Olivier?*

Olivier: *Pas tellement. Je suis faible en anglais. Je préfère le dessin. Et toi?*

Carol: *J'aime les sciences. Je suis assez forte en physique, mais très faible en anglais et en histoire.*

Jane: *Moi, j'aime les langues vivantes, le français et l'espagnol. Et toi Luc?*

Luc: *Je suppose que je suis fort en français, mais faible en maths.*

1 What is Olivier's problem at the beginning of the conversation?
2 How old are Olivier and Luc?
3 How old is Carol?
4 What compliment does Luc pay the girls?
5 Where do the girls come from?
6 Who is: **a)** good at physics?
　　　　 b) poor at English?
　　　　 c) good at French?
　　　　 d) keen on languages?

❗ Amusez-vous!

Quel légume?

La première lettre de chaque image vous
donne un légume

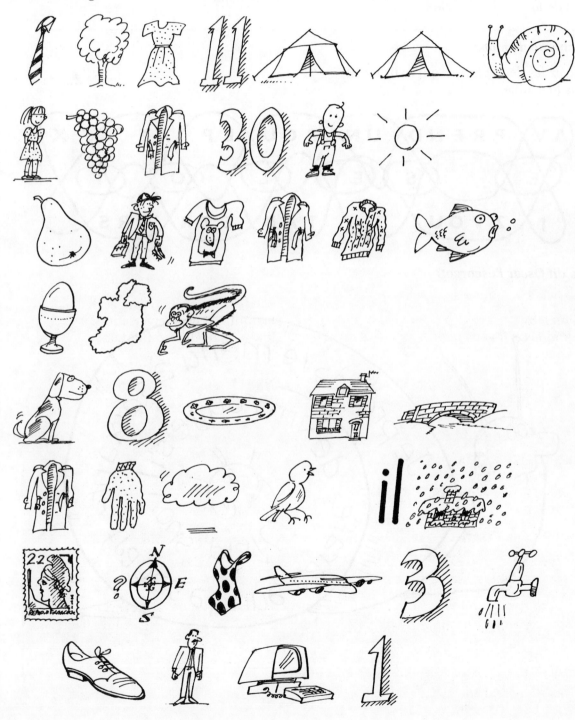

Jeu de dix questions

C'est une personne?	Non.
C'est un animal?	Non.
On peut le boire?	Non.
On peut le manger?	Oui.
C'est de la viande?	Non.

C'est un légume?	Oui.
C'est vert?	Oui.
C'est un petit pois?	Non.
C'est un chou?	Oui.
C'est long?	Non.
Qu'est-ce que c'est?	

La chaîne de mots

Écrivez les deux phrases qui se trouvent
dans la chaîne.

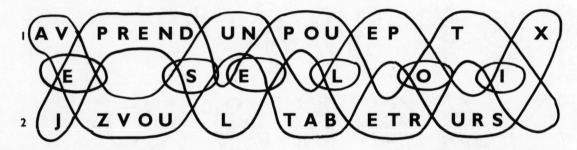

Que dit Oscar l'escargot?

Dictionnaire

la carte	menu
un hors d'oeuvre	first course, starter
le plat principal	main course
La viande	meat
l'agneau	lamb
le boeuf	beef
le boeuf haché	minced beef
le porc	pork
le poulet	chicken
le veau	veal
Les légumes	vegetables
les champignons	mushrooms
un chou	cabbage
un chou-fleur	cauliflower
les épinards	spinach
les frites	chips
les haricots verts	green beans
les petits pois	peas
les pommes de terre	potatoes

Checkpoint

You should now be able to cope well in a restaurant.
Check that you can.

I can:
— ask for a table (for a certain number)
— order a first course
— order a main course
— order something to drink
— order a dessert
— ask for a set price menu
— ask what exactly a particular dish is
— say that the food is delicious
— talk about what I like and don't like to eat and drink
— say at what time I usually have my meals
— ask someone if he or she can help me

I can:
— read and understand most items on a menu

À l'hôtel

1 Booking into a hotel
2 Spelling your name and address
3 Getting help at a tourist information office
4 Learning about some famous places in Paris

Phrases clef

Avez-vous une chambre libre pour ce soir? Have you a room free for tonight?

Je voudrais une chambre pour une personne. I would like a single room.

Je voudrais une chambre avec douche. I would like a room with a shower.

Je voudrais une chambre avec salle de bains. I would like a room with a bathroom

C'est pour trois nuits. It's for three nights.

C'est combien par nuit? How much is it per night?

Le petit déjeuner est compris? Is breakfast included?

Le petit déjeuner est à quelle heure? What time is breakfast?

J'ai réservé. I have booked.

Je n'ai pas réservé. I have not booked.

C'est quel nom? What name is it?

Ça s'écrit comment? How do you spell it?

C'est trop cher. It's too expensive.

Avez-vous quelque chose de moins cher? Have you anything cheaper?

Je la prends. I'll take it.

Voilà votre clef. Here is your key.

 **J'écoute**

L'alphabet français

1 *Écoutez l'alphabet français. Répétez chaque lettre.*

2 *Écoutez et écrivez ces noms. Ce sont des noms anglais.*
The last two names have double letters in them. Notice how you deal with double letters in spelling.

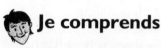 **Je comprends**

On arrive à l'hôtel

1

Réceptionniste:	*Bonsoir, madame. Je peux vous aider?*
Dame:	*J'espère que oui, monsieur. Avez-vous une chambre libre?*
Réceptionniste:	*Oui. Qu'est-ce que vous voulez comme chambre?*
Dame:	*Je voudrais une chambre pour deux personnes, avec salle de bains, si c'est possible.*
Réceptionniste:	*Certainement, madame. C'est pour combien de nuits?*
Dame:	*Pour une nuit seulement.*

2

Homme:	*Bonjour, madame. J'ai réservé une chambre.*
Réceptionniste:	*Oui, monsieur. C'est quel nom?*
Homme:	*Anderson.*
Réceptionniste:	*Ça s'écrit comment, monsieur?*
Homme:	*A−N−D−E−R−S−O−N.*
Réceptionniste:	*Oui, monsieur. Voilà. Vous avez la chambre numéro huit, au premier étage. C'est une chambre pour une personne avec douche. C'est ça?*

Homme:	*Parfait. Est-ce qu'il y a un ascenseur?*
Réceptionniste:	*Non. Je regrette. Vous montez l'escalier, tournez à droite et allez jusqu'au fond du couloir. Voilà votre clef.*

3

Dame:	*Vous avez une chambre libre pour ce soir?*
Réceptionniste:	*Oui. Nous avons une chambre à deux lits, avec douche.*
Dame:	*C'est combien par nuit?*
Réceptionniste:	*Cent francs.*
Dame:	*Le petit déjeuner est compris?*
Réceptionniste:	*Non. Le petit déjeuner coûte seize francs.*
Dame:	*Bon. Je la prends. Le petit déjeuner est à quelle heure?*
Réceptionniste:	*Entre sept heures et dix heures, madame. Voilà votre clef.*

4

Réceptionniste:	*Bonjour, monsieur.*
Homme:	*Bonjour. Avez-vous une chambre à deux lits pour ce soir?*
Réceptionniste:	*Oui, monsieur. Il y a une chambre à deux lits, avec salle de bains.*
Homme:	*C'est combien nuit?*
Réceptionniste:	*Cent dix francs, monsieur, petit déjeuner compris.*
Homme:	*Je regrette, c'est trop cher. Avez-vous quelque chose de moins cher?*
Réceptionniste:	*Nons avons une chambre avec un grand lit à quatre-vingts francs.*
Homme:	*C'est avec salle de bains ou avec douche?*
Réceptionniste:	*Un lavabo seulement, monsieur.*
Homme:	*Alors, ça va. Je la prends.*

Vous avez tout compris?

Dialogue 1

What kind of room does the lady want?
For how long does she intend to stay?
Find the French for:
a) Can I help you?
b) I hope so.

Dialogue 2

Where exactly is Mr Anderson's room?
What kind of room is it?
Does the hotel have a lift?
Find the French for:
a) What name is it?
b) How do you spell it?
c) Perfect!
d) I am sorry.

Dialogue 3

Complete these sentences:
1 The lady asks if there is a room free
  for . . .
2 The price of the room is . . . per night.
3 . . . costs 16F
4 Breakfast is served between . . . and . . .

Dialogue 4

Vrai ou faux?
1 *L'hôtel est complet.*
2 *Il y a une chambre avec salle de bains.*
3 *Cette chambre coûte 100F.*
4 *La chambre avec cabinet de toilette coûte
  80F.*
5 *Le petit déjeuner est compris.*

There are, of course, different categories of hotel, ranging from the most luxurious to the small and simple.

The price you pay for a room varies with the standard of the hotel and with the sort of room it is.

You will pay most for a room with a private bathroom, and a little less for a room with its own shower and toilet.

A room with a 'cabinet de toilette', a section partitioned off containing a washbasin and sometimes a bidet, will cost still less. These days, it is unlikely that you will be offered a room without a washbasin, even in the cheapest hotels.

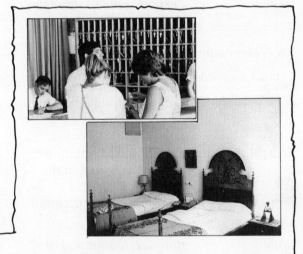

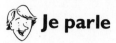 **Je parle**

Ask for a room

Use these tables to get the accommodation you need.

Avez-vous Je voudrais	une chambre pour	une deux trois	personne personnes	avec	douche (?) salle de bains (?) cabinet de toilette (?)

C'est pour	une deux trois	nuit. nuits.

1 You would like a single room with a shower for two nights.
2 Ask if they have a single room with a shower for three nights.
3 You would like a double room with a washbasin for one night.
4 You would like a room for three people with a washbasin for one night.
5 Ask if they have a double room with a bathroom for two nights.
6 Ask if they have a room for three people with a bathroom for three nights.

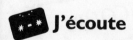 **J'écoute**

Dialogues à l'hôtel

Listen to these conversations between a hotel receptionist and a client, then complete the statements choosing from the three alternatives given.

First conversation

1 The client says:
   a) I have reserved a room
   b) I would like to pay my bill
   c) Have you a room available?
2 The receptionist asks:
   a) What kind of room do you want?
   b) Have you a reservation?
   c) How long do you want to stay?
3 The client would like:
   a) a single room with a shower
   b) a double room with a shower
   c) a double room with a bathroom
4 The receptionist offers:
   a) a room with a view
   b) a room with a shower
   c) a room with a bathroom
5 The client then:
   a) accepts the room
   b) says he does not want it
   c) asks for his key
6 Finally, the client asks:
   a) what time breakfast is
   b) which floor it is on
   c) how much it costs per night

Second conversation

1 The client says:
   a) Have you a room available?
   b) I have a reservation.
   c) I would like a room please.
2 The receptionist says:
   a) What kind of room do you want?
   b) Sorry, we are full.
   c) What name is it?
3 The client says:
   a) My name is Davies.
   b) How much will it cost?
   c) Is there another hotel nearby?

4 The receptionist asks:
- **a)** How long are you staying?
- **b)** How do you spell your name?
- **c)** How many people is it for?

5 The room is:
- **a)** on the first floor
- **b)** on the second floor
- **c)** on the third floor

6 The client finally asks:
- **a)** if there is a lift
- **b)** if breakfast is included
- **c)** if there is a dining-room

Third conversation

1 The client asks for:
- **a)** a double room with a shower
- **b)** two double rooms with showers
- **c)** two single rooms with showers

2 The price of each room per night is:
- **a)** 150F
- **b)** 155F
- **c)** 160F

3 Breakfast is:
- **a)** included in the price
- **b)** at seven o'clock
- **c)** 15F extra

4 The hotel has:
- **a)** a garage in the basement
- **b)** no garage and no car park
- **c)** a car park at the back

 Je lis

Qu'est-ce que ça veut dire?

Could you explain to a friend the meaning of each of these notices found in various parts of a hotel.

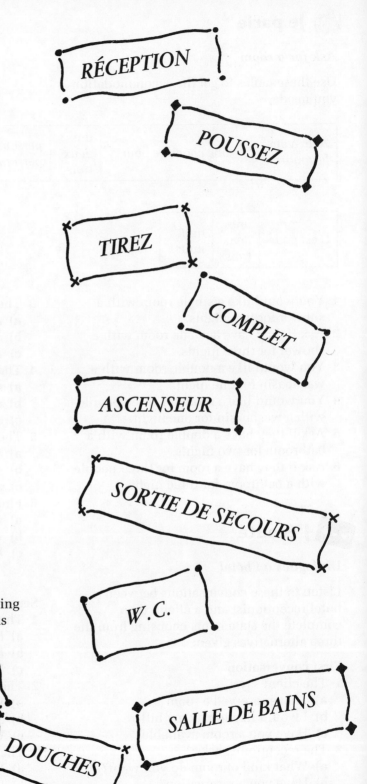

Je lis

Mary Brown wrote this letter to a hotel in
Paris. Can you understand what she was
trying to book?

---

47 Queen Street
Northampton
Angleterre

Northampton
le 28 avril

Hôtel de Genève
Rue de Genève
7400 Chamonix

Monsieur,

Je voudrais réserver une chambre dans votre
hôtel. C'est pour sept nuits, du 8 au 15
août. Avez-vous une chambre pour deux
personnes avec salle de bains?

Pouvez-vous me dire dans votre réponse le
prix de la chambre, petit déjeuner compris.

Est-ce qu'il y a un restaurant à l'hôtel?
Est-ce qu'il y a un parking?

Je vous prie d'agréer, Monsieur, l'expression
de mes sentiments distingués.

Mary Brown (Mlle)

---

1 What kind of a room does Mary want?
2 How long does she want to stay?
3 What does she want the hotel to tell her
   in their reply?
4 What two facilities does she ask about?

The hotel wrote this reply. Did Mary get all
she asked for?

Hôtel de Genève. Rue de Genève. 74400 Chamonix Tel: 53 03 42

Mlle Mary Brown,
47 Queen Street,
Northampton,
Angleterre

                                                        Chamonix
                                                        le 12 mai

Mademoiselle,

Je vous remercie de votre lettre du 28 avril.

Nous pouvons vous réserver une chambre avec deux lits du 8
au 15 août. C'est une chambre avec douche. Elle coûte 120F
par nuit et le petit déjeuner est compris.

Il n'y a pas de restaurant à l'hôtel, mais il y a beaucoup
de restaurants dans la ville.

Il y a un grand parking gratuit derrière l'hôtel.

Je vous prie d'agréer, Mademoiselle, l'expression de mes
sentiments les plus distingués.

Georges Thibault,

Georges Thibault

---

1 What kind of a room has been reserved
2 Is the price of breakfast extra?
3 What is said about restaurants?
4 Where is the car park?
5 Do hotel guests have to pay to park their
   car?

 **J'écoute**

Ça s'écrit comment?

Five French people give their names and spell them. Listen carefully and write down the names.

 **Travail à deux**

On arrive à l'hôtel

Partner B: Look at p. 122.

Partner A
You have to book into a hotel. Your partner is the receptionist.

1 Make sure there is a free room.
2 Decide what kind of room you want and ask for it.
3 Ask the price of the room you are offered.
4 Say you will take it.
5 Find out what time breakfast is.

 **J'écoute**

Qu'est-ce qu'ils font?

Listen to these six people talking, then decide what you think they are doing:

asking for information about trains
buying something
apologising
booking into a hotel
choosing a meal
asking the meaning of something
describing someone
thanking someone
asking the price of something
talking about school
eating a meal
asking for a place on a campsite

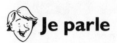 **Je parle**

Au syndicat d'initiative

Le syndicat d'initiative
L'office du tourisme
Le bureau du tourisme
At all these places you can get information about the town and places of interest in the locality. You can also find out about restaurants, hotels, theatres and cinemas. The tourist office will supply, usually free of charge, leaflets, brochures and a plan of the town.
Could you manage to get what you need at the *syndicat d'initiative*?

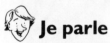 **Je parle**

Say you would like a list of hotels.
Ask if they have a cinema programme.
Ask if they can give you a town plan.

Ask if they have a brochure for the region.
Say you would like some information about the museums.
Ask if they can give you a list of restaurants.

Je voudrais *Avez-vous* *Pouvez-vous me donner*	*un plan de la ville,* *une brochure sur la région,* *une liste des hôtels,* *une liste des restaurants,* *un programme de cinéma,* *des renseignements sur les musées,*	*s'il vous plaît.*

Bonjour la France!

Here is some information about famous places in Paris. You have probably heard of some of them.

Paris—la capitale de la France

The capital of France is one of the most famous cities in the world. Even if you have never been to Paris, you probably know something about the city.

Can you complete these statements?

1 Paris is situated on the river
   Seine/Thames/Rhine.
2 The best known landmark in Paris is the
   Post Office Tower/Blackpool Tower/the
   Eiffel Tower.
3 Paris is bigger/smaller than London.
4 Paris has an underground railway called
   the tube/métro/subway.

La Tour Eiffel

This must be among the best known monuments in the world. It was built as the centre piece of a great exhibition in 1888, by the engineer Gustave Eiffel. It is 320 metres high. Visitors may climb the tower by the staircase or take one of the two lifts.

La Cathédrale de Notre-Dame

Situated on one of the two islands in the River Seine, this huge cathedral is one of the most beautiful buildings in Paris. Visitors can climb to the roof and see the famous gargoyles from close up. In the square outside Notre-Dame there is a disc which marks 'kilomètre zéro'. From here, all distances from Paris are measured.

Les Champs Élysées

This is the street which leads up to the Arc de Triomphe. It is a beautiful, broad, tree-lined street. There are many fashionable (and expensive) shops; there are theatres and cinemas; there are numerous restaurants and cafés with their pavement *terrasses*.

L'Arc de Triomphe

This magnificent archway was built to celebrate the victories of Napoleon. Beneath the arch is the tomb of the unknown soldier on which burns an eternal flame. It is here that the annual ceremony to remember the dead of the two world wars is held every year on November 11th.

Le Centre Pompidou

Not all the sights in Paris are old. This exciting modern building attracts millions of visitors each year. It houses book and record libraries, film theatres, the National Museum of Modern Art, and many constantly changing exhibitions. Outside the building is a huge open space called the 'piazza'. Here, performers of all kinds including musicians, dancers, mimers and magicians put on shows for the public.

Que savez-vous?

Vrai ou faux?

1 Kilomètre zéro is under the Arc de Triomphe.
2 *La Tour Eiffel* is 200 years old.
3 Notre Dame is a large cathedral.
4 You can have a drink on the pavements of the Champs Élysées.
5 The Pompidou Centre is a modern building.
6 *La Tour Eiffel* is over 300 metres high.
7 The remembrance service is held each year in front of the Eiffel Tower.
8 The Champs Élysées leads up to the Arc de Triomphe.

C'est combien?

Exemples:
You have 100 francs.

1
– *C'est combien la chambre?*
– *90 francs par nuit.*
– *Bon, je la prends.*

2
– *C'est combien la chambre?*
– *105 francs par nuit.*
– *C'est trop cher. Avez-vous quelque chose de moins cher?*

The drawings show how much money you have, and what you would like to buy with it. If you can afford the article, say you'll take it; if it is too expensive, say so and ask if they have anything cheaper.

Snatched conversations

You overhear a conversation at the hotel reception desk, but you miss some of the words. Can you supply the missing words?

Client:	Avez-..... une chambre.....?
Réceptionniste:	Qu'est-ce que..... voulez comme.....?
Client:	Je.....une chambre..... deux personnes..... douche.
Réceptionniste:	Oui, monsieur,..... avons une chambre à deux..... et avec douche.
Client:	C'est.....par nuit?
Réceptionniste:	100....., monsieur.
Client:	Ça va. Je.....prends.

 **J'écoute**

Les vieilles amies

Two old friends meet in a hotel and talk about themselves and their families. You probably will not understand every word, but try to find out what they say about their children.

! Amusez-vous!

La météo

Quel temps fait-il en Oscarie?
Regardez le temps prévu pour l'Oscarie, puis répondez aux questions.

1 *Où est-ce qu'il va faire du vent?*
2 *Où est-ce qu'il va pleuvoir?*
3 *Où est-ce qu'il va faire du soleil?*
4 *Quel temps va-t-il faire dans le nord-ouest de l'Oscarie?*
5 *Quel temps va-t-il faire dans le sud-est?*

Deux minutes, pas plus!

En deux minutes, écrivez au moins 12 mots français qui commencent avec 'm'.
Attention! Les jours de la semaine et les mois de l'année vous en donneront quatre!

La chaîne de mots

Trouvez les deux phrases qui se trouvent dans la chaîne.

Dictionnaire

une chambre libre	a free room
une chambre pour une personne	a single room
une chambre pour deux personnes	a double room
une chambre à deux lits	a room with twin beds
une chambre avec un grand lit	a room with a double bed
un cabinet de toilette	a washbasin and perhaps a bidet
un lavabo	a washbasin
j'espère que oui	I hope so
cher	expensive
une clef, clé	key
un nom	name
un ascenseur	lift
un escalier	staircase
poussez	push
tirez	pull
la sortie de secours	emergency exit

Checkpoint

You should now manage quite well to get a room in a hotel. In fact, you should be able to do all of these things.

I can:
— ask if there is a room free
— say how many people there are
— say when I want the room
— say that I want a room with a shower
— say that I want a room with bath
— ask how much it costs per night
— say it is too expensive
— ask if they have anything cheaper
— say I have or have not reserved
— give my name and spell it
— ask if breakfast is included
— ask the time of breakfast
— ask for the key

I can:
— understand the questions the receptionist might ask
— understand the information the receptionist gives

I can:
— read and understand the signs and notices found in a hotel

Hyperactivités

Jeu de définitions

On this page, and on each of the next three pages, there are clues to five different words.

You must make a guess after the first clue, but you can change your answer after reading the second, third or fourth clues which appear on the following pages.

First clues
a) *C'est un animal*
b) *On l'achète à la gare*
c) *Elle est rouge.*
d) *Ce sont des vêtements*
e) *C'est une personne*

Où sont-ils?

Where would you be most likely to meet these people?
Choose from the list of places given.

une serveuse
un passant
un marchand de légumes
une réceptionniste
un employé de la SNCF
un charcutier
un guardien
une vendeuse

à la gare
au marché
à l'hôtel
à la charcuterie
au camping
au restaurant
dans un grand magasin
dans la rue

Quel dessin?

Mettez les bonnes lettres sous le bon dessin.

SNCF   WC   CES   PTT   TGV

Pour vous, c'est vrai ou c'est faux?

1 *Mon sport préféré, c'est le football.*
2 *J'habite un appartement.*
3 *J'aime manger des salades.*
4 *J'ai les cheveux blonds.*
5 *Je vais souvent à la piscine.*
6 *J'aime lire dans ma chambre.*
7 *J'ai beaucoup d'amis.*
8 *Mon professeur de français est mince.*
9 *Je travaille bien en classe.*
10 *Je ne comprends pas le français.*

Où?

Rearrange this list under the headings:

à la gare   *dans la rue*   *à l'hôtel*
au camping   *au restaurant.*

Y a-t-il une banque près d'ici, s'il vous plaît?
SALLE DE BAINS
Et comme boisson, monsieur?
ACCÈS AUX QUAIS
Avez-vous de la place?
Je prends le poulet, s'il vous plaît.
Un aller-retour pour Rouen, s'il vous plaît.
C'est pour une tente ou une caravane?
SYNDICAT D'INITIATIVE
Je voudrais une chambre pour deux personnes.
SERVICE 15% COMPRIS
Le train part dans cinq minutes, mademoiselle.
Traversez la rue et tournez à gauche.
Voilà votre clef, monsieur. Numéro 11, au premier étage.
BLOC SANITAIRE

You should have three items under each heading. Now decide, for each item, whether you would, most likely, see it, hear it or say it. Beside each item, write the word 'see' or 'hear' or 'say':

Qu'est-ce que tu as dans ton sac?

Oui ou non?

Tu as des livres?
Tu as un cochon d'Inde?
Tu as une gomme?
Tu as un baladeur?
Tu as du vin?
Tu as des bonbons?
Tu as des cahiers?
Tu as des chips?
Tu as une fleur?
Tu as des chaussures?
Mais, en réalité, qu'est-ce que tu as dans ton sac?
Écrivez: *J'ai un . . . . .*
            J'ai une . . . . .
            J'ai des . . . . .

Second clues
a) *Il est gris*
b) *Il est petit*
c) *Elle est ronde*
d) *Il y en a deux*
e) *C'est un homme ou une femme*

Cherchez le partenaire

chaussette	consigne
pêche	oignon
champignon	minuit
vert	menu à 70F
guichet	deuxième
anglais	caravane
restaurant	pomme
midi	chaussure
tente	jaune
première	français

Donnez le bon conseil!

Ten people tell you their problem. What advice would you give to each one? Choose from the list.

Les problèmes:
Je voudrais avoir des renseignements sur la région.
Je voudrais trouver la place du Marché.
Je voudrais prendre le train.
Je voudrais savoir quel temps il fera demain.
Je voudrais manger.
Je voudrais être mince.
Je voudrais faire du camping.
Je voudrais une chambre pour ce soir.
Je voudrais changer la couleur de mes yeux.

Les conseils:
Écoutez la météo.
Trouvez un hôtel
Cherchez un syndicat d'initiative.
Achetez une tente.
Allez à la gare.
Ne mangez pas.
Regardez le plan de la ville.
Préparez une omelette.
Ça, c'est impossible!

Now try giving the advice in another way:
Il faut . . . . .   You will have to . . . . .

Remember to change the ending of the verb:
Écoutez becomes écouter, and so on.

Quel climat!

Invent some new words to describe the weather, by combining the words you know.

Examples:
il pleut + il neige = il pleuge – rainy snow!
Il fait du brouilleil – misty sun!

Make as many new words as you can and describe the new weather conditions in English.

Third clues
a) Il est très grand
b) Il est de première ou de deuxième classe
c) On peut la manger
d) On les met quand il fait froid
e) Il ou elle parle français

Qu'est-ce que c'est

Une partenaire pour Oscar

Quel est le nom de la partenaire parfaite pour Oscar?

Oscar has revealed quite a lot about himself throughout this book. Compare what you know about him with the information given about each of these six girlfriends. Which one of them would make the perfect partner for Oscar?

Isabelle

Âge: 20 ans
Anniversaire: le 9 septembre
Aime: les légumes
Déteste: la neige

Estelle

Âge: 3 ans
Anniversaire: le premier janvier
Aime: la neige
Déteste: la musique classique

Annie

Âge: 1 an
Anniversaire: le 4 juillet
Aime: les motocyclettes
Déteste: écouter la radio

Claire

Âge: 11 ans
Anniversaire: le premier avril
Aime: écouter la radio
Déteste: les motocyclettes

Eloise

Âge: 2½ ans
Anniversaire: le 9 mars
Aime: la musique classique
Déteste: le sport

Angéline

Âge: 3 ans
Anniversaire: le 19 août
Aime: les légumes
Déteste: la musique classique

Fourth clues

a) *Il a une trompe*
b) *C'est un aller simple ou un aller-retour*
c) *On la met dans une salade*
d) *On les met sur les mains*
e) *Il ou elle est dans la salle de classe*

If you guessed correctly after only one clue, award yourself 4 points; after two clues, 3 points and so on.

If you scored:
20 points, you are telepathic or you cheated.
15−19 points, you are inspired by genius.
10−14 points, you should think of becoming a detective.
5−9 points, never mind.
0−4 points, you probably read them upside down!

Dessinez et changez

The answers to the clues are:
a) elephant
b) train ticket
c) tomato
d) gloves
e) teacher

D'abord, regardez cette image.
Puis, lisez les phrases.
Ensuite, copiez l'image, mais changez les cinq détails.
Enfin, écrivez cinq phrases différentes.
1 *Il y a trois garçons et deux filles*
2 *Les fenêtres sont fermées*
3 *Il est dix heures et demie.*
4 *C'est une leçon de géographie.*
5 *Il fait du soleil.*

Faites des phrases

Tu peux acheter du jambon à la gare? C'est
vrai? Ah non, ce n'est pas vrai. Ça, c'est
bête. On peut acheter du jambon à la
charcuterie.

C'est à vous de choisir et de faire de bonnes
phrases:

Je peux Tu peux Il peut On peut	prendre le train acheter du pain prendre le déjeuner nager regarder les films acheter du jambon	à la	cantine. télévision. charcuterie. boulangerie. piscine. gare.

Je peux Tu peux Elle peut On peut	acheter un billet jouer au football prendre une limonade acheter des pommes camper manger du poulet	au	camping. restaurant. guichet. stade. marché. café.

Quel est le contraire?

noir	sortie
petit	fille
adore	grand
montez	facile
ouvert	père
difficile	blanc
tirez	descendez
entrée	déteste
garçon	fermé
mère	poussez

rouge	poire
orange	pomme
pêche	melon

consigne	téléphones
buffet	lit
guichet	renseignements

soleil	faim
brouillard	vent
chaud	neige

coq au vin	pâté maison
potage	salade de tomates
crudités	six escargots

Quel est l'intrus?

Dans chaque liste, trouvez le mot qui ne va
pas avec les autres.

salon	salle à manger
salle de classe	cuisine
salle de bains	chambre

cinq heures cinq	neuf heures moins vingt
quatre heures dix	une heure et demie
quatorze heures quinze	midi et quart

La bonne réponse

Trouvez la bonne réponse pour chaque
question.

Questions

1 Quelle heure est-il?
2 Pour aller au syndicat d'initiative, s'il
   vous plaît?
3 Qu'est-ce que c'est exactement, le coq au
   vin?
4 Où se trouvent les téléphones?
5 Avez-vous de la place pour une
   caravane?
6 Le service est compris?
7 À quelle heure part le train?
8 Vous êtes combien?
9 Y a-t-il une banque près d'ici?
10 Le train part de quel quai?

Réponses

a) Nous sommes quatre.
b) Je regrette, c'est complet.
c) Il est trois heures et quart.
d) Numéro un.
e) Oui, il y a la BNP, rue de l'Égalité.
f) Prenez la deuxième rue à droite.
g) Là-bas, près du buffet.
h) À onze heures vingt.
i) Oui, c'est compris.
j) C'est du poulet avec des oignons dans
    une sauce au vin rouge.

Le château de mots

Solve the clues and fill the blanks in the
castle walls. The last letter in each word
starts the next word.

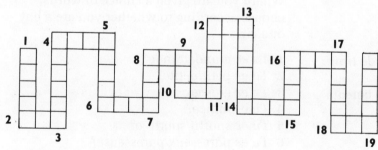

1 Je regarde la télé dans le _ _ _ _ _
2 Tu _'_ _ pas faim?
3 Quand il fait du _ _ _ _ _ _ , je joue au
   tennis
4 Le syndicat d'initiative, ce n'est
   pas _ _ _ _
5 Je _'_ _ _ _ la musique classique.
6 J'ai une soeur. _ _ _ _ s'appelle Chantal.
7 Vous _ _ _ _ des élèves intelligents.
8 L'assiette est _ _ _ la table.
9 Prenez la première _ _ _ à gauche.
10 C'_ _ _ du porc. Non, c'est du poulet.

11 Y a-t-il un _ _ _ _ _ pour Bordeaux, s'il
    vous plaît?
12 _ _ _ , je regrette il est déjà parti.
13 Le train pour Paris part du
    quai _ _ _ _ _ _ trois.
14 Pour faire une omelette il faut avoir
    un _ _ _ _
15 Tu as _ _ _ _ ? Voilà un sandwich.
16 Le printemps commence au mois
    de _ _ _ _
17 J'adore le _ _ _ _ _ , surtout l'athlétisme.
18 Quel est _ _ _ sport préféré?
19 En hiver il _ _ _ _ _

Jeu de mots

Changez une lettre pour trouver un autre mot.

Copy the grids and solve the clues.

A

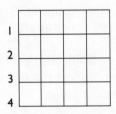

1 *Je ____ au stade pour regarder le match.*
2 *J'ai soif, ____ je n'ai pas faim.*
3 *Le collège recommence au ____ de septembre.*
4 *C'est un jeu de ____*

B

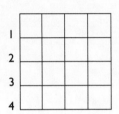

1 *Ils ____ à la gare pour prendre le train.*
2 *Traversez le ____*
3 *On va au ____ pour prendre le bateau.*
4 *Je suis ____ en français.*

Répondez

Suggest an answer to these questions:

1 *C'est pour combien de nuits?*
2 *Où est la boulangerie la plus proche?*
3 *Quel temps fait-il?*
4 *C'est combien par personne et par nuit?*
5 *Y a-t-il une pharmacie près d'ici?*
6 *Est-ce qu'il faut changer?*
7 *Tu veux prendre une douche?*
8 *Et comme boisson?*
9 *Quelle heure est-il?*
10 *Veux-tu me prêter un stylo?*

Non, non, non!

Answer all these questions. Begin each answer with *Non*.
You will need to know these changes in the verbs:

tu aimes	*j'aime*
tu vas	*je vais*
tu as	*j'ai*
tu es	*je suis*

Exemple:

Tu aimes la musique classique?
Non, je n'aime pas la musique classique.

1 *Tu aimes danser dans le jardin?*
2 *Tu aimes le vin rouge?*
3 *Tu vas souvent à Paris?*
4 *Tu vas en ville le mercredi?*
5 *Tu as soif?*
6 *Tu as faim?*
7 *Tu es dans la salle de bains?*
8 *Tu es stupide?*

Answer the next questions truthfully. Begin your answer with *Oui* or *Non*.
Where you are given a choice of words, choose according to whether you are a boy or a girl.

1 *Tu es grand/grande?*
2 *Tu es petit/petite?*
3 *Tu es gros/grosse?*
4 *Tu es mince?*
5 *Tu es sportif/sportive?*
6 *Tu es paresseux/paresseuse?*
7 *Tu es timide?*
8 *Tu as les cheveux bouclés?*

Le bon partenaire

This time, when you match the answers to the questions, don't try to make sense. The last word in the answer must **sound the same** as the last word in the question.
The meanings don't matter.

Questions
1 Tu as bien dormi?
2 Quel âge a-t-il?
3 Est-ce qu'il fait froid?
4 Et comme boisson?
5 Tu aimes ton collège?
6 Il a les cheveux frisés?
7 Elle a les yeux bleus?
8 Je peux prendre un bain?
9 Comment vas-tu?
10 Comment allez-vous?

Réponses
a) J'aime mon collège.
b) J'aime bien le poisson.
c) Du quai numéro deux.
d) C'est près du guichet.
e) J'ai beaucoup d'amis.
f) Elle a les cheveux roux.
g) C'est difficile.
h) Au coin de la rue.
i) Il est six heures trois.
j) Il est deux heures vingt.

Que savez-vous de la France?

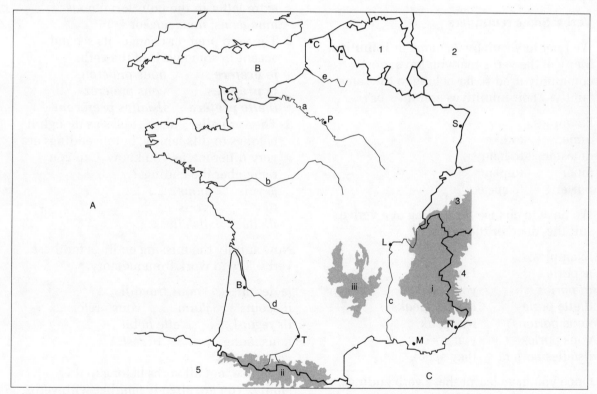

You may need the help of an atlas to complete these tasks.

1 *Les mers:* Can you name the seas marked A, B and C?
2 *Les fleuves:* Five rivers are marked, a, b, c, d, e. Can you name them?
3 *Les pays:* The numbers 1−5 are the countries which border France. Can you name them?

4 *Les montagnes:* The three main mountain ranges are marked (i), (ii) and (iii). What are their names?
5 *Les villes:* Ten important towns in France are marked with their initial letter. Try to complete their names.

Plus: extra exercises and grammatical explanations

 **Plus I**

Verbs: Some reminders

We refer to a verb by its name or **infinitive**. Many of the verbs that you have most commonly used so far belong to the same family. Their infinitives end in '–er'.

Examples:
aimer	to like
détester	to hate
jouer	to play
parler	to speak

We have to change the ending of a verb to suit the 'doer' or the **subject**.

Examples:
je parle	I speak
tu parles	you speak
il/elle parle	he/she speaks
nous parlons	we speak
vous parlez	you speak
ils/elles parlent	they speak

Once you have learnt these verb endings, you can use them with any verb whose infinitive ends in '–er'.
Choose two or three of these verbs and write them out like *parler* is written: *aimer; habiter; écouter; regarder; dessiner; rester; travailler.* Remember! With the first three, 'je' loses its 'e' to become: *j'aime; j'habite; j'écoute.*

There are very few exceptions to this rule and these are very easy to learn:

1 The verbs *manger* and *nager* need an extra letter in the *nous* form: *nous mangeons; nous nageons.*

2 The verb *préférer* changes its second accent in some parts of the verb:
je préfère	*nous préférons*
tu préfères	*vous préférez*
il/elle préfère	**ils/elles préfèrent**

3 The verb *aller*, 'to go', looks as though it belongs to this family, but its endings are very different, as you know. Can you remember the endings?
je vais	nous _____
tu v —.	vous _____
il/elle__	ils/elles ____

Now supply the missing endings for these verbs. Try to work from memory.

Je dessin_   nous travaill___
il écout_   j'aim_   vous préfér__
ils regard___   elle habit_
nous mang____   tu rest__
vous écout__

Of course, not all verbs belong to this family. You are already familiar with verbs whose infinitives are quite different:
Examples:
avoir   être   prendre   lire
For these and many others, it will be necessary to learn other sets of verb endings as you will see later.

 **Plus 2**

'Can' and 'want'

Je peux − I can, is part of the verb *pouvoir*.
Here is the whole verb:

je peux	I can
tu peux	you can
il peut	he can
elle peut	she can
nous pouvons	we can
vous pouvez	you can
ils peuvent	they can
elles peuvent	they can

Tu veux? − Do you want?, is part of the verb *vouloir*.
Here is the whole verb:

je veux	I want, wish
tu veux	you want
il veut	he wants
elle veut	she wants
nous voulons	we want
vous voulez	you want
ils veulent	they want
elles veulent	they want

You can see that these two verbs have many similarities in their forms.
Another thing they have in common is that they nearly always need another verb to complete their sense, as they do in English.
*Tu veux **prendre** une douche?*
Do you want to have a shower?
*Je peux **prendre** un bain?*
Can I have a bath?

You see that *veux* and *peux* are followed by the infinitive *prendre* − to take.

Match these French sentences to their English equivalents below.
Write out the French sentences and underline the **infinitive:**
Je veux écouter la radio.
Il peut prendre un bain.
Nous voulons jouer aux cartes.
Tu peux aller en ville?
Elles veulent regarder la télé.
Elle peut jouer aux cartes.

Vous voulez rester à la maison.
Tu veux aller en ville?
Vous voulez écouter la radio?
Ils peuvent rester à la maison.
Elle veut prendre un bain.
Nous pouvons regarder la télé.

Do you want to stay at home?
They can stay at home.
They want to watch television.
We can watch television.
I want to listen to the radio.
Do you want to listen to the radio?
Do you want to go into town?
Can you go into town?
She wants to have a bath.
He can have a bath.
She can play cards.
We want to play cards.

Now write these sentences in French:
1 She wants to go into town.
2 I can listen to the radio.
3 We want to watch television.
4 We can play cards.
5 Do you want to play cards?
6 They can stay at home.
7 They want to stay to home.
8 You can play cards.

 **Plus 3**

Where is it?

The words which help to tell you where things are are called prepositions. Most prepositions are straightforward and easy to use: *dans le vase; sur la table; sous l'arbre; derrière la maison; devant la cathédrale; entre le commissariat et la poste.* There are a few, however, which require some care in their use. These are the ones which include the word *de*:

près de	near
en face de	opposite
à côté de	next to
au bout de	at the end of
au coin de	at the corner of

Look at these sentences and see if you can spot what has happened:

L'hôtel est près de la plage.
L'hôtel est près de l'église.
L'hôtel est près du jardin public.
L'hôtel est près des magasins.

The rules are simple:
1 If the word which follows the preposition is feminine (*la*) or begins with a vowel or 'h' (*l'*), there is no problem:
près de la plage
au coin de la rue
près de l'église
à côté de l'hôpital
2 If the word which follows is masculine (*le*), the two words *de* and *le* fuse together to form a new word *du*.
3 If the word which follows is plural (*les*), the two words *de* and *les* fuse together to form a new word *des*.
Beginning with the words '*Il habite . . .*', complete the following sentences.
Example: opposite the cinema (*le cinéma*)
Il habite en face du cinéma
1 near to the market (*le marché*)
2 at the corner of the street (*la rue*)
3 next to the church (*l'église*)
4 at the end of the avenue (*l'avenue*)
5 opposite the museum (*le musée*)

Use this table to make up at least ten sentences in answer to the question '*Où se trouve le café Central?*'

 **Plus 4**

Describing people

You have used colours to describe objects and you know how to say that something is large or small. Words which describe are called **adjectives**. The rules for adjectives, like so many other rules for using French, depend on whether a word is masculine or feminine, singular or plural.
Most adjectives are learnt in the masculine singular form:
vert   grand   petit
Le stylo est vert.
Mon frère est grand.
Georges est petit.
If the adjective is to describe a feminine object or a female person, it usually needs an extra 'e'.
La perruche est verte.
Ma soeur est grande.
Hélène est petite.
If the adjective is to describe a plural word, then an 's' is added to either the masculine or the feminine form:

Les stylos sont verts.	*Les perruches sont vertes.*
Mes frères sont grands.	*Mes soeurs sont grandes.*
Georges et Guy sont petits.	*Hélène et Sylvie sont petites.*

Il se trouve	*près* *à côté* *en face* *au coin* *au bout*	*de la*	*charcuterie.* *gare.* *rue.*
		de l'	*avenue.* *hôtel de ville.* *église.*
		du	*camping.* *tabac.* *marché.*
		des	*magasins.*

Would you describe yourself as tall or short? How would you say it?

Describe these people as tall:
1 *Jean-Paul*
2 *Claire*
3 *Thierry et Vincent*
4 *Jeanne et Christine*
5 *Robert et Catherine* (use the masculine plural)
Write one sentence about three people you know, saying whether they are tall or short.

When you describe people, you might want to say what colour their eyes are and what their hair is like. *Les yeux* and *les cheveux* are masculine words and, of course, plural. Therefore you will always use the masculine plural form of the adjective to describe eyes and hair.
J'ai les yeux bleus et les cheveux blonds.
Il a les cheveux courts.

Some of the adjectives you might use to describe people follow the same rule as *grand* and *petit*.
How would you change *joli* and *amusant* to describe a girl?
How would you change *laid* and *intelligent* to describe two boys?
How would you change *joli* and *intelligent* to describe two girls?
Unfortunately, there are some adjectives which do not follow the rules.
Look at these sentences:
*Mon frère est **mince**.*
*Mon père est **agréable**.*
*Pierre est **timide**.*
*Marc est **bête**.*

These adjectives end in 'e' even in the masculine form. They require no change at all to make them feminine.
*Monique est **mince**, **agréable**, **timide** et **bête**.*
They do, of course, require an 's' to make them plural.

Other adjectives break the rules when changing from masculine to feminine. Since they are important for describing people, it is worthwhile learning how to use them accurately.

Masculine	Feminine	
gentil	gentille	kind
gros	grosse	fat
sportif	sportive	sporty
paresseux	paresseuse	lazy
beau	belle	good-looking, beautiful

Choose five boys and five girls who could be described by these adjectives, and write one sentence about each of them.
Exemple: Peter est gentil. Ann est gentille.

Not all of these adjectives follow the usual rule of adding an 's' to become plural. Here are the rule breakers.

*Marc est gros; Pierre et Michel aussi sont **gros**.*
*Marc est paresseux; Pierre et Michel aussi sont **paresseux**.*
*Marc est beau; Pierre et Michel aussi sont **beaux**.*

 Plus 5

'This' and 'these'

Look at these phrases and spot the three words which mean 'this':
    ce garçon   *cet enfant*   *cette fille*
The reason why three different words are necessary is, again, connected with masculine and feminine.
To use *ce*, *cet* and *cette* correctly, you need to know whether the word which follows is masculine or feminine or begins with a vowel.
For masculine words (*le*), use *ce*
For masculine words which begin with a vowel (*l'*), use *cet*
For all feminine words, use *cette*;

Look what happens when the word is plural:
    ces garçons   *ces enfants*   *ces filles*
Ces is the only word you need for saying 'these'.

Using these rules, fill the gaps in these sentences with the correct word for 'this' or 'these':

1 *Il y a un train pour Paris _____ matin(m)?*
2 *On va à Paris _____ après-midi(m).*
3 *_____ place(f) est occupée?*
4 *Je peux manger _____ orange(f)?*
5 *Écoutez _____ dialogues!*
6 *_____ hôtel(m) est complet.*
7 *Montez _____ rue(f) et tournez à droite.*
8 *Je n'aime pas _____ chaussures.*

What?

To say 'what' or 'which', we need, once more, to use the rules of masculine, feminine and plural.

You are familar with these two questions:
Quel *temps fait-il?*
Quelle *heure est-il?*

Here you have the masculine and feminine forms for 'what'.
To make them plural, add an 's' to each of them.
Quels *sports préfères-tu?*
Quelles *sont tes matières préférées?*
It is very easy:

	Masculine	Feminine
Singular	quel	quelle
Plural	quels	quelles

Now fill the gaps in these sentences with the correct word for 'what'.

1 *_____ est la date(f) de ton anniversaire?*
2 *De _____ quai(m) part le train?*
3 *Le train part à _____ heure?(f)*
4 *_____ fruits(m) aimes-tu?*
5 *_____ est ta matière(f) préférée?*
6 *_____ chaussettes(f) préfères-tu?*

★ Plus 6

Looking to the future

A very easy way of saying what you or someone else is going to do at some time in the future is to use the verb *aller* followed by an infinitive. We do exactly that in English.
Je vais (I am going) *lire* (to read)
What do you think these sentences mean?
Je vais nager.
Tu vas mettre ton jean?
Il va acheter des timbres.
Il va neiger.
Elle va prendre une douche.
On va commencer?
Nous allons faire du camping.
Vous allez tourner à la page cinquante-deux.
Ils vont jouer aux cartes.

To use this method accurately, you need to know the verb *aller*, which you have used frequently to talk about where you go, and the infinitive of the verb you need.
Look back at *Plus 1* and *Plus 2* and see if you remember all the infinitives used there.
Try to put these sentences into French:
1 Are you going to take a shower?
2 I'm going to draw.
3 He's going to watch television.
4 We are going to stay at home.
5 They are going to listen to the radio.

Another family of verbs

A small group of verbs have the infinitive ending '−ir', and a new set of endings. The two verbs in this group that you are most likely to use are *finir* and *choisir*.
Here are the verbs in full:

Finir   to finish
je finis
tu finis
il/elle finit
nous finissons
vous finissez
ils/elles finissent

Choisir   to choose
je choisis
tu choisis
il/elle choisit
nous choisissons
vous choisissez
ils/elles choisissent

Complétez
1 *À quelle heure est-ce que tu _____?*
2 *Je _____ un chocolat.*
3 *Les cours _____ à quatre heures.*
4 *Nous _____ les devoirs à neuf heures.*
5 *Vous _____ la bonne réponse.*

Another verb in this family is *remplir*, which means 'to fill'.
Write out *remplir* in the same way as *finir* and *choisir*

 **Plus 7**

'My', 'your', 'his', 'her'

Can you spot the word for 'my' in these sentences?
Mon frère s'appelle Martin.
Ma soeur s'appelle Jane.
Mes parents s'appellent Kate et Bob.

You can guess why we need three different words for 'my'!
Masculine singular: *mon*
Feminine singular: *ma*
All plurals: *mes*

The words for 'your' follow exactly the same pattern:
Masculine singular: *ton*
Feminine singular: *ta*
All plurals: *tes*

The form you use depends on the word which follows. Whether I am male or female, I use *mon* for 'my' brother, because 'brother' is masculine; I use *ma* for 'my' sister because 'sister' is feminine; I use *mes* for 'my' parents because 'parents' is plural.

This rule applies also to the words for 'his' and 'her'
Masculine singular: *son*
Feminine singular: *sa*
All plurals: *ses*

Each of these three words can mean 'his' or 'her'.
Son père   his father or her father
Sa mère   his mother or her mother
Ses chiens   his dogs or her dogs

Match the French phrase with its English equivalent:
sa gomme   his pencil
ses crayons   her cat
son sac   his book
son crayon   his pens
son livre   her pencils
son chat   his rubber
ses stylos   her bag

Put these phrases into French:

my house   your garden   her bedroom
his bedroom   my pullover   your book
his sister   her brother   your mother
my father

There is only one exception to this rule: you do not put *ma*, *ta* or *sa* before a vowel. For feminine singular words beginning with a vowel, use the masculine form *mon*.
mon orange   ton amie   son école

 **Plus 8**

Asking questions

1
Use your voice. By far the simplest way of asking a question is to make a statement sound like a question.
Tu as un animal à la maison. You have a pet.
Tu as un animal à la maison? Have you got a pet?

Read the following statements, then say them as questions, by raising your voice at the end:

Ça va.
C'est loin.
Tu as un frère.
Tu aimes le collège.

Vous avez des bananes.
Il y a une banque près d'ici.
La banque est ouverte.
Tu veux encore du poulet.
Je peux prendre une douche.
Vous parlez français.
On va travailler avec un partenaire.
Tu es fatigué.

2

Sometimes, it is better to change the order
of the words slightly:
Avez-vous de la place?
Y a-t-il une pharmacie près d'ici?
Try making these sentences into questions
using this method:
Vous avez des poires.
Il y a un train pour Lyon ce matin.
Vous êtes intelligents.
Vous parlez anglais.

3

You can ask a question by starting with est-
ce que.
Est-ce que vous avez des haricots verts?
Est-ce qu'il y a une pharmacie près d'ici?

Make these sentences into questions by
starting them with *est-ce que* or *est-ce qu'*:
Il y a un magasin sur le terrain.
Vous avez une chambre libre.
Le petit déjeuner est compris.
Tu aimes les animaux.
Ton frère est sportif.
On va écouter des dialogues.

C'est difficile.
Il faut arriver à neuf heures.

4

Question words.

What?	**Que?** or **qu'est-ce que?**
	Que désirez-vous? Qu'est-ce que vous désirez?
	Quel, quels, quelle, quelles?
	Quelle est la date de ton anniversaire?
Where?	**Où?**
	Où habites-tu?
When?	**Quand?**
	C'est quand, la fête nationale?
How much?	**Combien?**
	C'est combien les bananes?
How many?	**Combien?**
	C'est pour combien de nuits?
Why?	**Pourquoi?**
	Tu n'aimes pas les maths? Pourquoi?
	Pourquoi est-ce que tu n'aimes pas l'anglais?

Could you ask these questions?
1 What do you like to eat?
2 What time is it?
3 What is the weather like?
4 Where is Jean?
5 When is your birthday?
6 How much are the apples?
7 How many nights is it for?
8 Why do you not like school?

Pair-work Partner B

Leçon une (p. 8)

You have to play two parts. You start first.

First, you are a French teenager; your English-speaking penfriend is staying at your home. Introduce your penfriend to your sister, Yvette and to your grandmother. Ask if he or she had a good journey.

Secondly, you are the grandmother. Ask the penfriend if he or she is tired. Tell the penfriend that he or she speaks French very well.

Leçon deux (p. 20)

1 You are the warden of a campsite. Your partner is a camper.
Answer his or her queries and find out what you need to know.
There is room on the site.
You need to know:
  – if it's for a tent or a caravan
  – how many people there are
  – how long they want to stay
There is a café and a shop on the campsite.
They are near the office.

2 Now you are a camper arriving at a campsite. Your partner is the warden. From this information, work out what you would say to the warden. Begin by asking if there is any room.

Leçon trois (p. 31)

1 Your partner will ask you for information. Answer your partner's questions using the information indicated here.

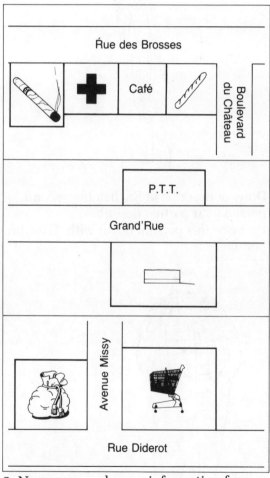

2 Now you need some information from your partner.
Ask your partner:
  a) if there is a supermarket nearby
  b) where the nearest chemist is
  c) where the police station is

Leçon quatre (p. 42)

Décrivez et dessinez

1 Listen to your partner's description and
  either draw the person described or write
  the description in English.
2 Describe this person giving as much detail
  as you can, so that your partner can draw
  the person or write an accurate
  description. Begin with '*C'est une
  femme.*'

Yeux gris →

3 Draw or describe in English the second
  person your partner describes.
4 Describe this person. Begin with '*C'est un
  homme.*'

← Yeux verts

When you have finished, compare your
drawings or descriptions with your
partner's pictures.

Leçon six (p. 67)

Find out if your partner likes these subjects
and the reason why or why not. Find out
what your partner's favourite subject is, and
which subjects he or she is good or poor at.
Copy the list; mark each subject with a tick
or a cross, depending on the answer you get,
and make a note in English of the reasons
given. Ask about these subjects:
le français
les mathématiques
la géographie
le dessin
l'informatique
le travail manuel
matière préférée
Il est fort en _____ *ou* _____
Elle est forte en _____
Il/Elle est faible en _____

Leçon huit (p. 99)

You are the receptionist in a hotel. Your
partner wants a room.
Use this information to answer your
partner's questions.

You have some free rooms.
The prices of the rooms you have available
are:
single room with shower   80F
double room with shower   90F
double room with bathroom   100F
Breakfast is from 7.30 to 9 o'clock

Vocabulary list

d'abord first
un abricot apricot
d'accord all right
acheter buy
l'agneau lamb
agréable pleasant
aimable kind
aller go
un aller simple single
un aller-retour return
allumer light
des allumettes matches
an year
un ananas pineapple
année year
alors well
appeler call
apporter bring
un après-midi afternoon
une araignée spider
un arbre tree
une armoire wardrobe
un ascenseur lift
assez quite, enough
assieds-toi sit down
une assiette plate
attendre wait (for)
aujourd'hui today
aussi also
autobus bus
autre other
un avion aeroplane

des bacs à vaisselle washing-up
  sinks
un bain bath
un baladeur personal stereo
un ballon balloon, football
un bateau ship
un bâtiment building
battez beat
beau good-looking
bête stupid
le beurre butter

une bibliothèque bookcase,
  library
bienvenu welcome
le biftek steak
un billet ticket
blanc, blanche white
le bloc sanitaire toilet facilities
le boeuf beef
boire drink
une boisson drink
un bonnet cap
des bottes boots
une boucherie butcher's
bouclés curly
au bout de at the end of
bouillante boiling
le brouillard fog
un bureau office

ça that
une cantine dining hall
un car coach
une carte card, menu
casser break
une casserole saucepan
ce. cet, cette this
ces these
une cerise cherry
une chambre bedroom
un chapeau hat
châtains chestnut-coloured
chaud warm, hot
des chaussettes socks
des chaussures shoes
une chemise shirt
un chemisier blouse
cher, chère dear, expensive
les cheveux hair
chez at/to the home of
la chimie chemistry
des chips crisps
un champignon mushroom
un chou cabbage
un chou-fleur cauliflower

une clef, clé key
un client, une cliente customer
un cochon d'Inde guinea pig
un coin corner
compris included
un collège school
combien? how much/many?
commencer start
complet full
comprendre understand
la confiture jam
la connaissance acquaintance
un copain, une copine friend
une coquille shell
une côte chop
à côté de next to
je me couche I go to bed
couper cut
une cour playground
un cours lesson
court(e) short
un couteau knife
coûter cost
la couture sewing
une cravate tie
une cuillère spoon
cuire cook
une cuisine kitchen, cookery

une dame lady
dans in
déjà already
le déjeuner lunch
demain tomorrow
demander ask
derrière behind
descendez go down
le dessin art, drawing
un départ departure
deuxième second
devant in front of
difficile difficult
le dîner evening meal
donneront will give

dormi   slept
il dort   he sleeps
une douche   shower
dresser   pitch (a tent)
dur   hard

l'eau   water
une école   school
une échalote   shallot
une écharpe   scarf
s'écrit   is spelt
une église   church
un, une élève   pupil
un emplacement   place, site
un employé,
une employée   assistant
emprunter   borrow
enchanté(e)   pleased, delighted
encore   more, again
enfin   finally
ennuyeux   boring
ensemble   together
entre   between
entrée   entrance
entrer   go in
épais, epaisse   thick
une épicerie   grocer's
l'équitation   horse-riding
un escalier   staircase
un escargot   snail
espérer   hope
l'est   east

en face de   opposite
facile   easy
faible   weak, poor
faim   hunger
fatigué(e)   tired
fatigant   tiring
faux   false
un feu rouge   traffic lights
une fleur   flower
un fleuve   river
au fond de   at the end of
fondre   melt
une fourchette   fork
une framboise   raspberry
une fraise   strawberry
frisés   very curly
des frites   chips
froid   cold

des gants   gloves

une gare   station
les gens   people
gentil, gentille   kind
le goûter   tea
gros, grosse   fat, plump
un guichet   ticket office

d'habitude   usually
haché   minced
un haricot   bean
une heure   hour
l'heure   time
un horaire   timetable
heureux, heureuse   happy

ici   here
il y a   there is/are
un imperméable   raincoat
l'informatique   information
technology
interdit(e)   not allowed

jaune   yellow
un jeu   game
jeune   young
joli(e)   pretty
un jour   day
une journée   day
une jupe   skirt

laid(e)   ugly
le lait   milk
laisser   leave
les langues vivantes   modern
    languages
un lavabo   washbasin
un légume   vegetable
je me lève   I get up
lire   read
un lit   bed
des lunettes   glasses

un magasin   shop
un maillot de bain   swimming
    costume
la main   hand
maintenant   now
manger   eat
un manteau   coat
un marchand,
une marchande   seller
le matériel   equipment

une matière   subject
un matin   morning
mettre   put, put on
mettre la table   lay the table
midi   midday
mince   slim
mince!   bother!
minuit   midnight
mixte   mixed
moins   less, minus
monter   go up, get on
une moquette   carpet
un mot   word
un mur   wall

la natation   swimming
la neige   snow
noir(e)   black
un nom   name
le nord   north
un nuage   cloud
le numéro   number
une nuit   night

un oeuf   egg
un oignon   onion
un oiseau   bird
où?   where?
ou   or
oublier   forget
l'ouest   west

le pain   bread
un panier   basket
un pantalon   trousers
parce que   because
paresseux, paresseuse   lazy
parfait(e)   perfect
parler   speak
la partie   part
partir   leave
se passe   is happening
pendant   during, for
le petit déjeuner   breakfast
petit(e)   small
un petit pois   pea
un peu   a little
je peux   I can
un phoque   seal
la physique   physics
un pied   foot
une piscine   swimming pool

le plat principal   main course
pleuvoir   to rain
la pluie   rain
plus proche   nearest
une poêle   frying pan
le poivre   pepper
poli(e)   polite
une pomme de terre   potato
un pont   bridge
porter   wear
je porterai   I shall wear
le potage   soup
une poubelle   dustbin, litter bin
le poulet   chicken
pour   for
pourquoi?   why?
poussez   push
préféré(e)   favourite
prendre   have, take
premier, première   first
présenter   introduce
presque   almost
prêt(e)   ready
prêter   lend
les prévisions   forecast
on prévoit   we forecast
prévu(e)   expected
prochain(e)   next
les provisions   groceries
une prune   plum

un quai   platform
quand   when
quel, quelle   what, which
quelquefois   sometimes
quelque chose   something,
    anything

raide   straight
une rayure   stripe
j'ai reçu   I received
en remuant   stirring
les renseignements   information
rentrer   return
un repas   meal
réserver   book, reserve
rester   stay
je me réveille   I wake up
une robe   dress
rond(e)   round
rôti(e)   roasted
roux   red (hair)

une salle de jeux   games room
un séjour   visit, stay
le sel   salt
une semaine   week
si   if, yes
soif   thirst
un soir   evening
le soleil   sun
une sortie   exit
une sortie de secours   emergency
    exit
sous   under
souvent   often
le sud   south
sur   on
surtout   especially

une tasse   cup
tellement   so much
un terrain   ground
timide   shy
tirez   pull

toujours   always, still
un tour   tour
une tour   tower
tout, tous   all
tout de suite   straight away
tout le monde   everyone
train direct   through train
traverser   cross
le travail manuel   craft
un tricot   jumper
troisième   third
il se trouve   it is situated
trouver   find

la vaisselle   washing-up
une valise   suitcase
un vélo   bike
un vendeur, une vendeuse   shop
    assistant
un vent   wind
vert(e)   green
un verre   glass
vers   about
les vêtements   clothes
je veux   I want, wish
je viens   I come
vieux, vieille   old
une voiture   car
un voyage   journey
voyager   travel
vrai   true
vraiment   really

les yeux   eyes

zut!   bother!